# LESEJOURNAL
## DEUTSCH ALS FREMDSPRACHE

von Jutta Müller

Max Hueber Verlag

 Dieses Werk folgt der seit dem 1. August 1998 gültigen Rechtschreibreform.
Ausnahmen bilden Texte, bei denen künstlerische, philologische oder lizenzrechtliche Gründe einer Änderung entgegenstehen.

Das Werk und seine Teile sind urheberrechtlich geschützt.
Jede Verwertung in anderen als den gesetzlich zugelassenen
Fällen bedarf deshalb der vorherigen schriftlichen
Einwilligung des Verlags.

| 3. 2. 1. | Die letzten Ziffern |
|---|---|
| 2003 02 01 00 1999 | bezeichnen Zahl und Jahr des Druckes. |

Alle Drucke dieser Auflage können, da unverändert, nebeneinander benutzt werden.
1. Auflage
© 1999 Max Hueber Verlag, D-85737 Ismaning
Umschlaggestaltung: Liebl satz+grafik, Emmering
Layout: Eckhard Popp
Satz: abc Media-Services GmbH, Buchloe, Edwin Grondinger
Druck und Bindung: Friedrich Pustet, Regensburg
Printed in Germany
ISBN 3-19-521521-7

# Inhalt

Vorwort .................................................... 4

Leseeinheit 1  Erste Kontakte...................................... 5
Leseeinheit 2  Gegenstände in Haus und Haushalt ................ 11
Leseeinheit 3  Essen und Trinken ................................ 18
Leseeinheit 4  Freizeit ........................................... 24
Leseeinheit 5  Wohnen ........................................... 30
Leseeinheit 6  Krankheit......................................... 36
Leseeinheit 7  Alltag ............................................ 42
Leseeinheit 8  Orientierung in der Stadt ........................ 48
Leseeinheit 9  Kaufen und schenken.............................. 54
Leseeinheit 10 Deutsche Sprache und deutsche Kultur............ 60

# Vorwort

Die Texte in diesem Heft sind für erwachsene Deutschlernende zusammengestellt, die erst wenig Deutsch gelernt haben. Sie können hier ihre ersten richtigen Lese-Erfahrungen machen. Mit „richtig" ist gemeint: Lesen ohne Vorübung, ohne Aufgaben, ohne Kontrolle – Texte so lesen, wie man in der Muttersprache eine Zeitschrift liest: aus Interesse, aus Neugier, zum Spaß.

Die Leseeinheiten folgen im Thema und in den sprachlichen Schwerpunkten dem Lehrwerk **Themen neu 1**. Lernende, die mit diesem Lehrwerk arbeiten, können die Texte deshalb besonders leicht verstehen. Aber man kann sie auch dann gut lesen, wenn man mit einem anderen Lehrwerk lernt.

Am Anfang jeder Leseeinheit sind aus den Texten die Wörter zusammengestellt, die man im Wörterbuch in dieser Form nicht findet, und daneben die „normale" Form dieser Wörter. Das soll aber nicht heißen, dass man unbedingt mit einem Wörterbuch lesen soll – im Gegenteil, man kann beim Lesen ruhig ein paar unbekannte Wörter überspringen. Oft versteht man sie nachträglich „von selbst", wenn man den ganzen Abschnitt oder die Seite gelesen hat.

Ich wünsche den Lesern dieses Journals viel Vergnügen und gute Fortschritte beim Deutschlernen!

Jutta Müller

# Foreword

The texts in this book have been chosen for adult learners who have only limited knowledge of German. Here you can get your first real experience with reading German. By „real" we mean reading without pre-reading tasks, comprehension questions and answer-keys – that is, reading as you do in your native language: out of interest, curiosity or just for the fun of it!

The subjects and language focus follow those of *Themen neu 1*. Learners using this textbook will find the texts particularly easy, but those using other books should also have no problem.

At the beginning of each unit you will find a selection of words from the texts as they appear in context, along with the „normal" form, i.e. the one you will find in the dictionary. But that doesn't mean that one should necessarily read with a dictionary – on the contrary, it is quite preferable to read over some unknown words. Often these are understood in retrospect once the whole paragraph or page is read.

We wish you a good read and lots of progress in learning German.

Jutta Müller

# Lese-einheit 1

**Inhalt:**  S. 6   Humor
S. 7   Berufe im Vergleich: Licht und Schatten
S. 8   Kleinanzeigen
S. 9   Comic Strip: Ein Mann am Telefon
S. 10  Werbung: Liebe auf den ersten Blick

## Arbeitshilfe für das Wörterbuch

| | | | |
|---|---|---|---|
| Seite 6 | sind | – | **sein** |
| | willst | – | **wollen** |
| | hat | – | **haben** |
| | zweiunddreißig | – | **32** |
| | sitzt | – | **sitzen** |
| | gefällt | – | **gefallen** |
| | aufgehört | – | **aufhören** |
| | waren | – | **sein** |
| | will | – | **wollen** |
| | sag | – | **sagen** |
| | schreib | – | **schreiben** |
| Seite 7 | liebe | – | **lieben** |
| | tanzt | – | **tanzen** |
| | weiß | – | **wissen** |
| | fährt | – | **fahren** |
| | verdient | – | **verdienen** |
| | begleitet | – | **begleiten** |
| | reicht | – | **reichen** |
| | kann | – | **können** |
| | sitzt | – | **sitzen** |
| | sieht | – | **sehen** |
| | holt | – | **holen** |
| Seite 8 | sucht | – | **suchen** |
| | normaler | – | **normal** |
| | mag | – | **mögen** |
| | klugen | – | **klug** |
| | interessanten | – | **interessant** |
| Seite 9 | wollte | – | **wollen** |
| | dich | – | **du** |
| | verstanden | – | **verstehen** |
| | gesagt | – | **sagen** |
| | sollst | – | **sollen** |
| | ihn | – | **er** |
| Seite 10 | verdreht | – | **verdrehen** |
| | sieht ... aus | – | **aussehen** |
| | verwöhnt | – | **verwöhnen** |

# Humor

Und was sind Sie von Beruf?

Na, Herr Meyer? Wie viele Tage noch bis zum Urlaub?

„Na, Gerhard, willst du auch Augenarzt werden wie dein Vater?" – „Nein, ich werde lieber Zahnarzt." – „Warum denn das?" – „Weil jeder Mensch nur zwei Augen hat, aber zweiunddreißig Zähne."

Trinken Sie Alkohol, Herr Schmidt?

Danke, sehr gern, Frau Doktor, für mich einen Whisky, bitte!

SEIT WOCHEN SITZT DU JETZT SCHON VOR DIESEM BLÖDEN COMPUTER! WIR SIND AUCH NOCH DA!!
PASSWORT?!

Na, wie gefällt Ihnen der erste Arbeitstag bei uns, Herr Krause…?

„Macht dir der Englischunterricht noch Spaß?" – „Nein, damit habe ich wieder aufgehört, es waren mir zu viele Fremdwörter dabei!"

Sie will weggehen! Sag doch etwas!

Du hast Recht, Schatz!
Schreib mal eine Postkarte!

# Berufe im Vergleich: Licht und Schatten

**Mannequin:
25.000 Mark
pro Monat**

Die Modenschau ist ihr Arbeitsplatz. Annette Thierauf, 26 (178 groß, 56 Kilo, Kleidergröße 36) ist nicht oft zu Hause. Heute in Paris, morgen in Rom, Mailand oder München. „Ich liebe meinen Beruf. In den Modewochen habe ich natürlich Stress, aber dann auch wieder viel Freizeit."

**Ballerina:
3.500 Mark
pro Monat**

Susanne Jansen, 26, tanzt in der Gruppe. Und später Primaballerina? Nein, da hat sie keine Chance, das weiß sie: „Meine Füße sind kaputt." Jeden Tag hat sie Proben von 10 bis 14 Uhr. Am Abend ist Vorstellung. Mit 35 will sie eine Ausbildung als Sporttrainerin machen.

**Rennfahrer:
80.000 Mark
pro Monat**

Ganz schnell viel Geld verdienen bei Tempo 300. Aber was macht ein Rennfahrer wie Michael Schuster, 28, wenn er keine Rennen fährt? Täglich Fitnesstraining, Testfahrten und Gespräche mit Technikern und Mechanikern. Und Urlaub, natürlich.

**Busfahrer:
3300 Mark
im Monat**

Georg Wimmer, 55, fährt Linienbus, seit 20 Jahren. Sieben Stunden am Steuer, oft im Stau. Schichtdienst bis nachts um 2 Uhr. Vier Tage fahren, zwei Tage frei, wieder fahren. Auch an Weihnachten.

**Bodyguard:
20.000 Mark
im Monat**

Dieter Hecker, 41, war 14 Jahre Polizist. Dann hat er sich selbständig gemacht als Bodyguard. Jetzt verdient er das große Geld. Mit seiner 3,57er Magnum begleitet er Wirtschaftsbosse auf Reisen. Zuletzt war er in Südamerika und Japan.

**Polizist:
2100 Mark
im Monat**

Markus Neukäufer, 32, fährt Streife: Unfälle, Einbrüche, Protokolle tippen, Schichtdienst. Das Gehalt reicht nicht mal für eine Wohnung in München, muss jeden Tag zwei Stunden pendeln. Karriere? Hauptwachtmeister kann er noch werden. 400 Mark mehr.

**Jumbokapitän:
18.000 Mark
im Monat**

25 Jahre sitzt Hubertus Massmann, 53, im Cockpit (Abi, zwei Jahre Ausbildung, zehn Jahre Kopilot). Sieht die Welt: Tokio, Boston, Sydney, immer schicke Hotels für die Crew. Allerdings: 20 Tage im Monat nicht zu Hause. Mit 55 in Rente, 10.000 Mark.

**Fluglotsin:
2000 Mark
im Monat**

Ute Dirkmann, 24, Abitur, viereinhalb Jahre Ausbildung. Und dann täglich das: abgedunkelter Raum im Tower, grünliches Dämmerlicht, Blick auf den Radarschirm. Jede Minute ein Flugzeug. 500 holt sie jeden Tag vom Himmel. Einmal ein Fehler – die Katastrophe!

# Kleinanzeigen

Naturverbundene Sie, 32/168, sucht netten Partner bis 40 J. Welcher optimistische Nichtraucher mag auch lange Spaziergänge, Garten, Tiere und Natur, und träumt von einem friedlichen Leben (gern auf dem Land)? Bildzuschriften bitte unter Chiffre 12345

Junge Ärztin (27), 1,68/59, NR, mit Esprit und Charme sucht den Mann fürs Leben. Raum 1-2-3-4.
ZF 67890

### Bremen
Ganz „normaler" Mann gesucht: intelligent, humorvoll, sportlich, aufgeschlossen und zärtlich. Sie, 42/1,60/65, sehr hübsch, mag Kunst und Kneipen, Natur und gute Gespräche, geht gerne auf Reisen und möchte nicht mehr alleine sein. Wer hat Lust, das Leben zu zweit zu genießen?
ZM 98765

Chirurg, 42, groß, schlank, sportlich, eher jungenhaft als bürgerlich arriviert, leistungsorientiert, würde gerne eine junge, intelligente, sehr gut aussehende, vollbusige Frau kennen lernen, die sich ein Leben mit Kindern, ... Katzen, Hund ... wünscht. Bitte Bildzuschriften. ZV 54321

### Ich sucht Du!
Wer bin ich? Mann, 34 Jahre, 1,78 m, 72 Kilo, Techniker.
Wer bist du? Frau, jung, schön und lieb. Ruf mich an, dann komme ich sofort zu dir.
Tel. 0 89/12 34 56

### BERLIN
Sie, 36/1,70, dunkelhaarig, stud., kulturinteressiert, mit Sohn (6), möchte interessanten und klugen Mann für eine gemeinsame Zukunft kennen lernen.
ZT 4321

# Liebe auf den ersten Blick.

*Abbildung in Originalgröße*

## NOKIA 2110

Wir können Sie nur warnen: Das Nokia 2110 hat schon so einigen den Kopf verdreht. Denn dieses raffinierte kleine Ding sieht nicht nur unverschämt gut aus – es verwöhnt Sie auch, wo es nur kann. Riskieren Sie doch einfach mal einen Blick! Beim Nokia-Händler in Ihrer Nähe. Oder rufen Sie uns direkt an: 0211/9750055

NOKIA
CONNECTING PEOPLE

# Lese-einheit 2

**Inhalt:**   S. 12   Interview: Hausarbeit
S. 13   Geschenke aus der eigenen Küche
S. 14/15   Comic Strips: Hägar der Schreckliche
S. 16   Comic Strip: Anerkennung
S. 17   Information: Küche in Deutschland und Europa

**Arbeitshilfe für das Wörterbuch**

| | | | |
|---|---|---|---|
| Seite 12 | Männer | – | **Mann** |
| | gefragt | – | **fragen** |
| | soll | – | **sollen** |
| | macht | – | **machen** |
| | putzt | – | **putzen** |
| | bügelt | – | **bügeln** |
| | erledige | – | **erledigen** |
| | gieße | – | **gießen** |
| | liebt | – | **lieben** |
| Seite 13 | muss | – | **müssen** |
| | schnelles | – | **schnell** |
| | Gläser | – | **Glas** |
| | gemischte | – | **mischen** |
| | dekoratives | – | **dekorativ** |
| | Mitbringsel (= Geschenk) | | |
| | aufgelöst | – | **auflösen** |
| | warmen | – | **warm** |
| | hellen | – | **hell** |
| Seite 14/15 | mitgebracht | – | **mitbringen** |
| | gegessen | – | **essen** |
| | hol (= hole) | – | **holen** |
| | nimm | – | **nehmen** |
| | Füße | – | **Fuß** |
| | erledigt | – | **erledigen** |
| | trägst | – | **tragen** |
| | stell (= stelle) | – | **stellen** |
| Seite 17 | berichtet | – | **berichten** |
| | teilgenommen | – | **teilnehmen** |
| | zeigt | – | **zeigen** |
| | sehen … fern | – | **fernsehen** |

Leseeinheit 2

Unser Reporter hat sechs Männer gefragt:

# WELCHE HAUSARBEIT MACHEN SIE GERN

**Knut Maier (22),** Verkäufer

„Gar keine. Warum soll ich Hausarbeit machen? Ich wohne noch bei meinen Eltern. Meine Mutter ist eine gute Hausfrau. Sie macht alles für mich."

**Jörg Engel (30),** Rechtsanwalt

„Wer macht schon gerne Hausarbeit? Ich jedenfalls nicht. Und ich kenne auch keine Frau, die gerne putzt oder bügelt. Da gibt es doch wohl keinen Unterschied zwischen Männern und Frauen."

**Franz Grünwald (34),** Physiker

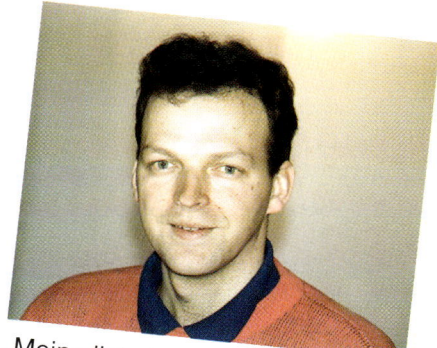

„Meine liebsten Hausarbeiten sind Aufräumen und Putzen. Dabei habe ich viel Zeit zum Denken. Nach der Arbeit bin ich immer sehr zufrieden."

**Peter Kruse (35),** Zahnarzt

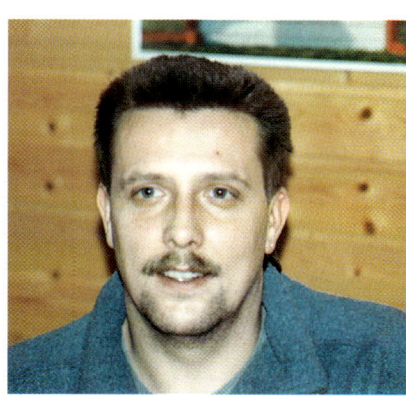

„Ich mache das Frühstück und erledige die Einkäufe. Alle anderen Arbeiten im Haus macht meine Frau. Der Garten ist allerdings allein meine Aufgabe."

**Klaus Baier (34),** Fotograf

„Ich bin Junggeselle und mache alles selbst. Hausarbeit ist notwendig, aber Spaß macht es mir nicht. Ganz schlimm finde ich Bügeln. Deshalb trage ich auch immer Pullover und keine Hemden."

**Walter Kramer (57),** Lehrer

„Wir haben ein großes Haus. Ich gieße immer die Blumen; das dauert fast eine Stunde. Am Wochenende koche ich auch manchmal. Zum Glück haben wir eine Putzfrau. Meine Frau liebt die Hausarbeit nämlich auch nicht."

12

# Geschenke aus der eigenen Küche

## Beeren-Aprikosen-Marmelade

**Zutaten für etwa 1200 g (= 6 kleine Gläser):** 250 g reife Aprikosen · 750 g gemischte Beeren (rote und schwarze Johannisbeeren, Stachelbeeren) · etwa 150 g Birnendicksaft · 1 Beutel Geliermittel

Die Aprikosen waschen, halbieren und entkernen. Die Beeren waschen und abtropfen lassen. Die Johannisbeeren von den Rispen streifen. Alle Früchte in einen Topf füllen und mit dem Schneidstab pürieren. Den Birnendicksaft und das Geliermittel unterrühren; probieren, ob das Fruchtpüree süß genug ist, eventuell noch nachsüßen.

Die sauber gespülten Gläser in warmes Wasser legen. Das Fruchtpüree unter Rühren aufkochen und drei Minuten sprudelnd kochen lassen. Die Marmelade in die Gläser füllen und sofort verschließen. Die Gläser zwei Minuten auf den Kopf stellen. Dann umdrehen und völlig abkühlen lassen. Die Gläser kühl und dunkel aufbewahren.

*Es muss nicht immer ein Blumenstrauß sein. Kochen Sie doch einfach ein Geschenk! Da freuen sich alle Freunde und Verwandten.*

## Orangenlikör

Ein schnelles, sehr dekoratives Mitbringsel!

**Zutaten für 1 Glas von 1 Liter Inhalt:** · 125 g Orangenblütenhonig · 600–700 ccm Weizenkorn (32%) · 2 Orangen à 300 g · 8 Gewürznelken · 1 Vanilleschote · 1 Zimtstange

Den Honig und 500 ccm Korn in das Glas geben und so lange rühren, bis der Honig aufgelöst ist. Die Orangen heiß waschen und abtrocknen. Jede Frucht mit vier Gewürznelken spicken und in das Glas geben. Die Vanilleschote und die Zimtstange hinzufügen. Falls noch Platz ist, den restlichen Korn dazugießen. Das Glas fest verschließen. Den Orangenlikör an einem warmen, hellen Platz, aber nicht in der Sonne, vier bis sechs Wochen reifen lassen.

# Ernesto Clusellas: **Anerkennung**

# KÜCHE IN DEUTSCHLAND UND EUROPA

## Der Ofen ist nie lange kalt.
**In Deutschland ist die Küche noch immer in Frauenhand**

München, 25. Oktober (AP). In deutschen Küchen ist der Ofen nie lange kalt: Etwa 87% der Deutschen kochen fast täglich. Das berichtet die Zeitschrift „Das Haus"; an der Umfrage haben etwa 10.000 Personen teilgenommen. Fast 80% frühstücken in der Küche, 65% essen dort zu Abend. Und wer macht das Essen? Natürlich meistens die Frauen. Männer kochen nie oder selten. (63% kochen zwei- oder dreimal pro Monat.) Die Umfrage zeigt auch Unterschiede zwischen Ostdeutschen und Westdeutschen. 80% der Schnellgerichte für die Mikrowelle kommen in Westdeutschland auf den Tisch. Die Ostdeutschen nehmen sich offenbar mehr Zeit zum Kochen. Richtige Genießer sind aber selten: Nur etwa 30% finden gutes Essen und Trinken wichtig in ihrem Leben.

### Was machen die europäischen Frauen in der Küche?

Für die europäischen Hausfrauen ist die Küche nicht nur ein Ort zum Kochen: 57% der italienischen Frauen sehen dort fern und 54% der Britinnen bügeln in der Küche. Die deutschen Frauen dagegen nutzen die Küche im Vergleich recht wenig für andere Dinge.

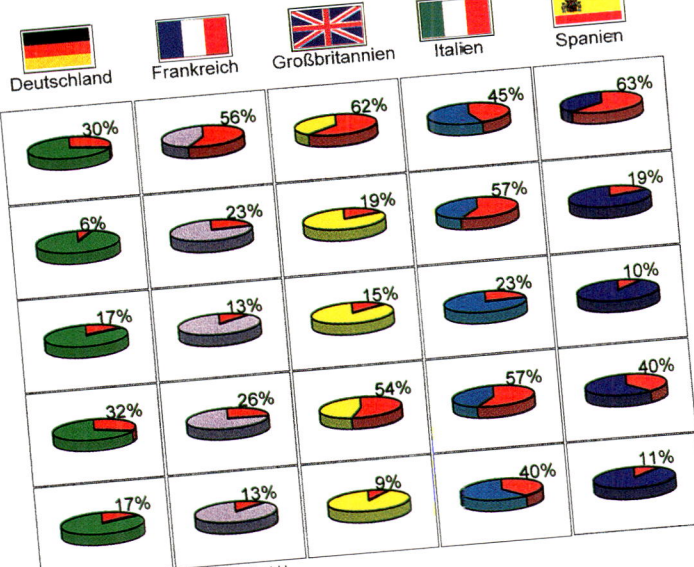

Quelle: Tupperware Deutschland GmbH

# Lese-einheit 3

**Inhalt:**
- S. 19 Comic Strip: Ätsch!
- S. 20 15 Fitness-Punkte pro Woche
- S. 21 Kochrezept: Rumpsteakburger
- S. 22 Anzeige: Brathaube
- S. 23 Wie viele Gläser Wein dürfen es sein?

**Arbeitshilfe für das Wörterbuch**

Seite 19
- seh … aus (= sehe) – **aussehen**
- ne (= eine)
- n (= ein)
- habs (= habe es)
- kauf (= kaufe)

Seite 20
- besser – **gut (besser, am besten)**
- Dehnübungen (= Übungen zum Dehnen der Muskeln)
- sollten – **sollen**
- sitzt – **sitzen**
- schützt – **schützen**
- kräftigt – **kräftigen**
- bringt – **bringen**
- trainiert – **trainieren**
- sorgt – **sorgen**
- kurbelt – **ankurbeln**
- verbraucht – **verbrauchen**

Seite 21
- zerdrückt – **zerdrücken**
- Knoblauchbutter (= Butter mit Knoblauch)
- Paprikastreifen (= Streifen von Paprika)

Seite 22
- wird – **werden**
- bleibt – **bleiben**
- Energieersparnis (= Ersparnis von Energie)
- Kondenswasser (= Wasser aus Dampf)
- gebraten – **braten**
- geschmort – **schmoren**
- führt – **führen**
- entweicht – **entweichen**
- sorgt – **sorgen**
- Luftzirkulation (= Zirkulation der Luft)
- aufgefangen – **auffangen**
- gespeichert – **speichern**
- passt – **passen**

Seite 23
- raucht – **rauchen**
- gemacht – **machen**
- wollten – **wollen**
- gedauert – **dauern**
- lebt – **leben**
- gefällt – **gefallen**
- gefügt – **fügen**
- am Alkohol liegt mir nichts (= ich mag keinen Alkohol)
- lockt – **locken**
- darf – **dürfen**
- rin (= hinein)

# ÄTSCH!

**Papan**

# 15 FITNESS-PUNKTE PRO WOCHE und Sie sind topfit!

**Schon wenig Sport bringt viel für die Gesundheit und die Figur. Planen Sie ein Wochenprogramm: 15–20 Punkte sind genug.**

**Viel Erfolg!**

### 2 PUNKTE Trampolin-Springen: 1 mal 10 Minuten

Auf dem Trampolin trainieren Sie alles gleichzeitig – Kraft, Kondition und Beweglichkeit –, ohne die Gelenke zu überlasten. Versuchen Sie doch mal, täglich zehn Minuten Trampolin-Springen in Ihren Tagesablauf einzuplanen. Dann haben Sie schon ungefähr Ihre Fitness-Punkte zusammen.

### 12 PUNKTE Basketball: 1 mal 45 Minuten

Basketball und Handball – alle Ballspiele machen beweglich, geben Kraft und Kondition. Allerdings sollten Sie wirklich nur dann spielen, wenn Sie ganz gesund sind. Denn vor allem die Sprunggelenke werden dabei stark belastet.

### 5 PUNKTE Radfahren: 1 mal 10 km

Radfahren bringt Kondition und stärkt gleichzeitig die Bauch-, Po- und Beinmuskeln. Außerdem ist eine Radtour noch schonender für die Kniegelenke als Walking, wenn Sie es richtig machen: Fahren Sie als Anfänger nur mit „halber Kraft" und steigern Sie sich langsam. Halten Sie Ihren Rücken möglichst gerade.

### 7 PUNKTE Jogging: 1 mal 3 km in 20 Minuten

Joggen ist viel anstrengender als Walken, aber nicht unbedingt besser. Machen Sie ein paar sanfte Dehnübungen, bevor Sie ganz langsam loslaufen. Und damit Sie mit Ihrem Puls nicht über 130 kommen, sollten Sie ihn nach zehn Minuten mal kontrollieren.

### 10 PUNKTE Rudern oder Paddeln: 20 Minuten

Rudern oder Paddeln bringen Kraft und Ausdauer und sind gut für den Rücken, obwohl man die ganze Zeit dabei sitzt. Da diese Sportarten für Anfänger sehr anstrengend sind, Sie damit Ihren Puls also schnell in die Höhe treiben, sollten Sie spätestens nach 10 Minuten eine Pause einlegen.

### 10 PUNKTE Reiten: 1 mal 60 Minuten

Reiten kräftigt die Rückenmuskeln – keine Frage. Aber dieser Sport bringt auch Kondition und trainiert Koordination und Geschicklichkeit. Jede falsche Bewegung merken Sie sofort an der Reaktion ihres Pferdes.

### 10 PUNKTE Step-Aerobic: 1 mal 45 Minuten

Beim Step-Aerobic (Treppensteigen auf der Stelle) wird das eigene Körpergewicht zum Trainieren genutzt. Das ist ganz schön anstrengend für die Po- und Beinmuskeln, aber die Gelenke werden dabei nicht überlastet, weil Sie bei diesem Aerobic keine Sprünge machen. Doch Achtung! Gehen Sie als Neuling nur in einen Anfänger-Kurs, sonst kommen Sie mit Ihrem Puls schnell auf 180 hoch!

### 4 PUNKTE Tanzen: 1 mal 15 Minuten

Das können Sie nicht nur in der Disco oder Tanzschule. Allein zu Hause macht's auch Spaß: Legen Sie Ihre Lieblingsmusik auf – und los geht's! Fangen Sie mit einem langsamen Song an, und steigern Sie dann mit schneller Musik Ihr Tempo.

### 8 PUNKTE Schwimmen: 1 mal 10 Bahnen (à 50 m) in 30 Minuten

Rückenschwimmen ist der beste Sport für die Wirbelsäule. Aber auch Brustschwimmen ist okay, wenn Sie den Kopf nicht immer aus dem Wasser halten und dadurch die Halswirbel überlasten. Gehen Sie am besten immer mit einer Schwimmbrille ins Wasser, die schützt die Augen.

### Puls: 130 – das reicht!

Dieser Pulsfrequenz-Bereich sorgt für ausreichend Sauerstoff im Blut und kurbelt das Herz-Kreislauf-System optimal an. Die Atmung wird tiefer und regelmäßiger, und die Muskeln bekommen eine gesunde Sauerstoffdusche. Und das Tollste ist: Gerade bei einer Pulsfrequenz von 120–140 verbraucht der Körper seine Fettreserven!

# Kochen für 2

## RUMPSTEAKBURGER „AMORE"

2 Rumpsteaks · 2 EL Sojasoße · $1/2$ EL Worcestersoße · Öl · Zitronensaft · 1 Knoblauchzehe, zerdrückt · 2 EL Cognac · Pfeffer · 2 Milchbrötchen · Knoblauchbutter · Salatblätter · $1/2$ rote Paprikaschote in Streifen · Maiskörner (Dose)

*Den Fettrand der Rumpsteaks einschneiden (sonst zieht sich das Fleisch beim Braten zusammen). Sojasoße und Worcestersauce, zwei Esslöffel Öl, ein Spritzer Zitronensaft, Knoblauch, Cognac und Pfeffer mischen. Die Rumpsteaks darin 30 Minuten marinieren. Abtropfen lassen und die Steaks zwei bis vier Minuten je Seite grillen. Zwischendurch mit Marinade bestreichen. Brötchen halbieren, mit Knoblauchbutter bestreichen und im Ofen anrösten. Mit Salat, Paprikastreifen und Maiskörnern belegen. Je ein Rumpsteak daraufgeben und mit der zweiten Hälfte des Brötchens abdecken. Heiß servieren.*

Kalorien pro Person: 588

Rumpsteakburger „Amore" mit gerösteten Knoblauch-Brötchen, Marinade und Mais

# Mit dieser Brathaube wird Ihr Steak knusprig und der Herd bleibt sauber

Bis zu 30% Energieersparnis durch optimale Hitzespeicherung

Wenn Sie einen normalen Deckel auf Ihre Pfanne legen, tropfen Kondenswasser und Fett zurück auf Ihre Steaks – sie werden nicht gebraten, sondern geschmort. Braten ohne Deckel aber führt zu Energieverlust, da die Hitze ungehindert nach oben entweicht. Und nach dem Kochen haben Sie viel Arbeit mit der Reinigung von Herd und Umgebung.

Doch jetzt sorgt die Brathaube „Kitchenjoy" für optimale Luftzirkulation. Wasser und Fett laufen seitlich ab und werden im speziellen Chromstahlring aufgefangen. So können Ihre Schnitzel oder die Bratkartoffeln gar und herrlich knusprig braun werden – in kürzerer Zeit, weil die Hitze unter der Brathaube wirksam gespeichert wird.

Die Haube paßt auf Pfannen von 24–28 cm ø. Höhe 12 cm, Gewicht 1600 g. Zum Reinigen leicht zerlegbar, spülmaschinenfest.
Bestellen Sie die Brathaube noch heute – und freuen Sie sich schon bald über perfekte Steaks und eine saubere Küche.

Ohne Deckel:
Der Herd wird schmutzig.

Mit Deckel:
Das Steak wirdweich.

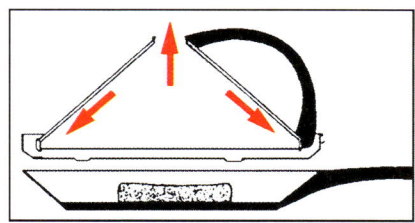

Mit der neuen Brathaube:
Das Steak wird knusprig und der Herd bleibt sauber.

HANSPETER OECHSLE

# Wie viele Gläser Wein dürfen es sein?

Wissenschaftler beweisen, dass Weintrinker länger leben.
Prost!

Die Deutschen trinken gerne Bier. Ich trinke lieber Wein: deutschen Wein, spanischen Wein, französischen Wein, italienischen Wein, spanischen Wein, griechischen Wein, … Nur gut muss er sein. Und mit einem Glas bin ich nie zufrieden. „Alkoholiker!" sagt meine Frau, die am liebsten Mineralwasser trinkt. „Sehr gefährlich!" sagt mein Arzt, der 50 Zigaretten pro Tag raucht.

„Alles Unsinn!" sage ich, denn jetzt habe ich die Wissenschaft auf meiner Seite.

Experten aus den USA haben viele Jahre lang eine Untersuchung im Westen von Frankreich gemacht. Die Menschen dort sind für ihre ungesunde Ernährungsweise bekannt: Sie trinken zu viel Rotwein und essen viel zu fett. Ergebnis: Es gibt dort weniger Herzkranke als zum Beispiel in New York. „Et alors?" sagten die Südwestfranzosen, „das liegt am Wein!"

Das wollten die Wissenschaftler genauer wissen. Also noch eine Untersuchung. Zwölf Jahre hat es gedauert und 1300 Männer und Frauen zwischen 30 und 70 Jahren waren beteiligt. Das Ergebnis war am 6. Mai 1995 im International Herald Tribune zu lesen. (Liebe Freunde und Weintrinker, macht schnell eine Flasche auf.) Also: Wer täglich drei bis fünf Gläser Wein trinkt, lebt am längsten. Ist das nicht eine gute Nachricht?

Meine Frau und mein Arzt trinken trotzdem keinen Wein. Ich mache mir jetzt große Sorgen um ihre Gesundheit.

Zum Abschluss noch ein Gedicht von Robert Gernhardt, das mir sehr gut gefällt.

### Nichttrinkerlied

Das Schicksal hat es so gefügt,
dass mir am Alkohol nichts liegt.
Mich lockt nicht Bier, nicht Gin, nicht Wein –
na ja, ein Wein, der darf schon sein.
Mich lockt nicht Korn, nicht Bier, nicht Gin –
ist das ein Gin? Dann immer rin!
Mich lockt nicht Wein, nicht Korn, nicht Bier
– da kommt ein Bier? Das nehmen wir!
Mich lockt nicht Gin, nicht Wein, nicht Korn
– her mit dem Korn! Und dann von vorn:
Das Schicksal hat es so gefügt,
dass mir am Alkohol nichts liegt, etc.

# Lese-einheit 4

**Inhalt:**
- S. 25    Moment mal!
- S. 26    Comic Strip: Garfield
- S. 27    Gefährliches Horoskop
- S. 28    Interviews: Kein Urlaub ohne Urlaubsflirt?
- S. 29    Umfrage: Was finden Männer und Frauen romantisch?

**Arbeitshilfe für das Wörterbuch**

| Seite 25 | kümmert | – | **kümmern** |
| | finde | – | **finden** |
| | kann | – | **können** |
| | muss | – | **müssen** |
| | gibt | – | **geben** |
| | mag | – | **mögen** |
| Seite 26 | tollen | – | **toll** |
| Seite 27 | gefährliches | – | **gefährlich** |
| | glaubt | – | **glauben** |
| | las | – | **lesen** |
| | liest | – | **lesen** |
| | erzählt | – | **erzählen** |
| | amüsiert | – | **(sich) amüsieren** |
| | passierte | – | **passieren** |
| | fuhr | – | **fahren** |
| | kam | – | **kommen** |
| | fand | – | **finden** |
| | gefahren | – | **fahren** |
| | entdeckte | – | **entdecken** |
| | angestrichen | – | **anstreichen** |
| | stand | – | **stehen** |
| | wird | – | **werden** |
| | konnte | – | **können** |
| | getroffen | – | **treffen** |
| | zog | – | **ziehen** |
| | gefunden | – | **finden** |
| | ging | – | **gehen** |
| | vergingen | – | **vergehen** |
| | stellt ... heraus | – | **(sich) herausstellen** |
| | weinte | – | **weinen** |
| Seite 28 | heißen | – | **heiß** |
| | braucht | – | **brauchen** |
| | kennen gelernt | – | **kennen lernen** |
| | gemietet | – | **mieten** |
| | getrunken | – | **trinken** |
| | geredet | – | **reden** |
| | wieder gesehen | – | **(sich) wieder sehen** |
| | ausgesehen | – | **aussehen** |
| | verloren | – | **verlieren** |
| | wollte | – | **wollen** |
| | gegeben | – | **geben** |
| | gemeldet | – | **(sich) melden** |
| | fliege | – | **fliegen** |
| Seite 29 | gefragt | – | **fragen** |

# Moment mal!

**Lassen Sie Freunde in Ihrer Wohnung wohnen, wenn Sie im Urlaub sind?**

Claudia Blank, pharmazeutisch-technische Assistentin

Renate Wagner, Fotografin

## Ja

In den Ferien brauche ich meine Wohnung nicht. Warum sollen in der Zeit nicht Freunde bei mir wohnen? Das ist ja auch eine Hilfe für mich. Ich brauche keine Angst vor Einbrechern zu haben, und es kümmert sich jemand um die Pflanzen und die Post. Außerdem finde ich es sehr schön, wenn ich nach dem Urlaub nicht in eine leere Wohnung komme. Dann kann ich gleich mit meinen Freunden Wiedersehen feiern und von meinen Erlebnissen erzählen. Natürlich muss man Vertrauen haben, wenn man anderen Menschen seine Wohnung gibt. Aber Vertrauen gehört für mich zur Freundschaft.

## Nein

Ich habe sehr gern Besuch von Freunden, aber nur, wenn ich zu Hause bin. Meine Wohnung ist mein ganz privater Bereich. Ich mag es nicht, wenn andere Menschen in meinem Bett schlafen oder in meiner Badewanne liegen. Außerdem möchte ich meine Wohnung sauber und ordentlich haben, wenn ich vom Urlaub nach Hause komme. Und es kann immer etwas kaputtgehen: Teller, Gläser oder Möbel. Dann gibt es sicher Ärger. Meine Freunde müssen einfach verstehen, dass meine Wohnung kein Hotel ist.

## Leseeinheit 4

— von Jim Davis —

## MENSCHEN UND SCHICKSALE

# Gefährliches Horoskop

**Lydia glaubt an die Macht der Sterne. „Heute treffen Sie ihre große Liebe", las sie einmal in ihrem Horoskop. Für ihren Mann und ihre Kinder war das kein glücklicher Tag.**

Die meisten Menschen lesen Horoskope nur aus Spaß. Aber Lydia Schanz (35) aus Uchtdorf glaubt jedes Wort. Die Mutter von zwei Kindern (Jasmin 11, Michael 6) hat das Sternzeichen Krebs. Morgens liest sie in der Zeitung immer zuerst ihr Horoskop.
Ihr Mann Michael erzählt: „Wenn die Sterne sagen ‚Vorsicht mit Geld', dann macht Lydia keine Einkäufe. Wenn sie liest ‚Gefahr für ihre Gesundheit', nimmt sie Vitamine und bleibt im Haus. Ich habe mich oft über ihr Hobby amüsiert." Doch was vor sechs Monaten passierte, war für Michael Grupe nicht mehr zum Lachen. Lydia fuhr morgens zum Einkaufen in den Supermarkt, aber sie kam nicht mehr nach Hause. Mit Hilfe der Polizei fand Michael das Auto seiner Frau am Bahnhof. Sie war mit dem Zug in die nächste Stadt gefahren. Abends entdeckte Michael das Horoskop in der Zeitung. Lydia hatte es rot angestrichen. Da stand: „Fahren Sie heute mit dem Bus oder mit dem Zug. Sie treffen dort einen Menschen, der ihre große Liebe wird." Michael: „Ich konnte es nicht verstehen. Wir waren doch glücklich."
Was war passiert? Lydia hatte im Zug wirklich einen alten Schulfreund getroffen. Sie zog sofort in seine Wohnung, denn sie war sicher, dass sie ihre „große Liebe" gefunden hatte.
Der verzweifelte Ehemann ging selbst zu einer Astrologin. Die sagte ihm: „Ihre Frau kommt wieder nach Hause." Wochen vergingen. Da las Michael in der Zeitung unter dem Sternzeichen Krebs: „Ihre Liebe stellt sich als Irrtum heraus. Treffen Sie eine Entscheidung." Er schickte Lydia das Horoskop mit der Post. Am nächsten Tag telefonierte Lydia mit ihrem Mann. Sie weinte: „Ich war so dumm. Kannst du mir verzeihen?" Jetzt ist Lydia wieder zu Hause bei ihrem Mann und ihren Kindern. Und was macht Michael? Er liest jeden Morgen in der Zeitung das Horoskop seiner Frau.

# Kein Urlaub ohne Urlaubsflirt?

*Interviews zu einem heißen Thema.*

Meine Freundin und ich machen immer alleine Urlaub, weil jeder was anderes möchte. Sie braucht jeden Tag Programm: Museen und Kirchen besuchen, Sport, Sprachen lernen. Dazu habe ich keine Lust. Ich will im Urlaub meine Ruhe haben, lange schlafen, Krimis lesen. Ein Flirt ist erlaubt, aber natürlich nur im Urlaub. Danach muss Schluss sein.

Peter Baumann, 33

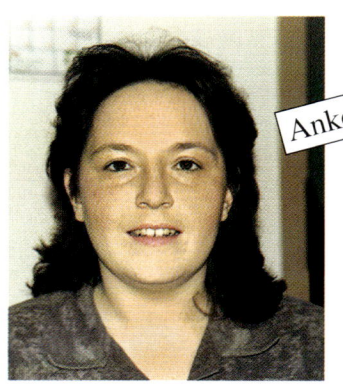

Anke Hansen, 27

Urlaubsflirt? Da habe ich nur schlechte Erfahrungen gemacht. Wahrscheinlich bin ich einfach zu naiv. Einmal in Italien, da habe ich mich sehr verliebt. Der Typ war nett und hat toll ausgesehen. Aber im Restaurant musste ich immer bezahlen, weil er angeblich seine Kreditkarte verloren hatte. Er wollte mir das Geld in Deutschland zurückgeben. Nach dem Urlaub habe ich gemerkt, dass er mir eine falsche Adresse und falsche Telefonnummer gegeben hat. Natürlich hat er sich nie wieder bei mir gemeldet.

Olaf Singer, 24

Johanna Moser, 25

Im letzten Urlaub war ich in Griechenland auf einer Insel. Da habe ich eine tolle Frau kennen gelernt. Eva war zehn Jahre älter als ich, aber sehr attraktiv. Sie hat ein Auto gemietet, und wir waren jeden Tag zusammen auf Entdeckungsreise. Einmal waren wir die ganze Nacht an einem einsamen Strand, haben Wein getrunken und geredet. Wir hatten eine wundervolle Zeit zusammen. Leider ist sie verheiratet, und wir haben uns nie wieder gesehen.

Im Urlaub einen Mann kennen lernen und dann gleich ins Bett? Nein, danke. Das ist nicht mein Stil, und außerdem habe ich Angst vor Aids. Meistens fliege ich mit einer Freundin nach Mallorca. Da wohnen wir in einem kleinen Hotel direkt am Strand. Wir haben immer viel Spaß. Abends in der Disco gibt es auch mal einen kleinen Flirt, aber mehr nicht.

## Leseeinheit 4

Umfrage

# Was finden **Männer** romantisch?
# Was finden **Frauen** romantisch?

Liebe und Romantik gehören zusammen. Aber „er" und „sie" haben leider nicht immer den gleichen Geschmack. Wir haben 100 Frauen und 100 Männer gefragt, was sie gerne tun, wenn sie verliebt sind.

|  | Frauen | Männer |
|---|---|---|
| Mit ihm (ihm ihr) am Meer spazieren gehen | 78 | 43 |
| Mit ihm (mit ihr) ein klassisches Konzert besuchen | 52 | 48 |
| Gemeinsam einen Liebesfilm im Kino anschauen | 89 | 32 |
| Mit ihm (mit ihr) in der Badewanne Champagner trinken | 83 | 52 |
| Rote Rosen verschenken (bekommen) | 91 | 62 |
| Bei Nacht gemeinsam die Sterne anschauen | 75 | 21 |
| Mit ihm (mit ihr) bei Kerzenlicht essen | 81 | 69 |
| Eine gemeinsame Nacht in einem Luxushotel verbringen | 75 | 52 |
| Ihm (ihr) einen Liebesbrief schreiben | 85 | 73 |
| Mit ihm (ihr) zusammen etwas kochen | 34 | 28 |
| Gemeinsam vor dem Kamin sitzen und ein Glas Rotwein trinken | 62 | 63 |
| Mit ihm (ihr) tanzen gehen | 78 | 85 |
| Hand in Hand spazieren gehen | 92 | 91 |
| Mit ihm (ihr) nachts lange Telefongespräche führen | 35 | 22 |
| Gemeinsam ein Fußballspiel besuchen | 12 | 35 |
| Gemeinsam im Bett frühstücken | 77 | 69 |
| Ihm (ihr) etwas aus einem Buch vorlesen | 54 | 32 |
| Zusammen für ein Wochenende nach Paris fahren | 42 | 38 |
| Mit ihm (ihr) ein Kunstmuseum besuchen | 38 | 34 |

# Lese-einheit 5

**Inhalt:** S. 31 Comic Strip: Hoher Besuch
S. 32 Zurück ins Nest
S. 33 Psychologie: Schlafhaltung und Charakter
S. 34 Sieben Mal Einbrecher
S. 35 Witze

**Arbeitshilfe für das Wörterbuch**

| | | | |
|---|---|---|---|
| Seite 31 | hoher | – | **hoch** |
| | umgetopft | – | **umtopfen** |
| | Vorhänge | – | **Vorhang** |
| | wisch' | – | **wischen** |
| Seite 32 | gezogen | – | **ziehen** |
| | bringt | – | **bringen** |
| | wäscht | – | **waschen** |
| | bügelt | – | **bügeln** |
| | zusammenzuziehen | – | **zusammenziehen** |
| | saß | – | **sitzen** |
| | gepackt | – | **packen** |
| | stand | – | **stehen** |
| | dachten | – | **denken** |
| | verließen | – | **verlassen** |
| Seite 33 | ausgestreckt | – | **ausstrecken** |
| | angezogen | – | **anziehen** |
| | angewinkelt | – | **anwinkeln** |
| | übereinandergeschlagen | – | **übereinanderschlagen** |
| | geballt | – | **ballen** |
| Seite 34 | leergeräumt | – | **leerräumen** |
| | zeigt | – | **zeigen** |
| | liegt | – | **liegen** |
| | hält | – | **halten** |
| | zurückkam | – | **zurückkommen** |
| | aufgebrochen | – | **aufbrechen** |
| | fehlte | – | **fehlen** |
| | wiederkamen | – | **wiederkommen** |
| | gestohlen | – | **stehlen** |
| | stahlen | – | **stehlen** |
| | folgten | – | **folgen** |
| | geparkt | – | **parken** |
| Seite 35 | stört | – | **stören** |
| | gestorben | – | **sterben** |
| | weckst | – | **wecken** |
| | lege | – | **legen** |
| | sieht | – | **sehen** |
| | fährt | – | **fahren** |
| | steht | – | **stehen** |
| | schreit | – | **schreien** |
| | darf | – | **dürfen** |

# Jugend heute: Zurück ins Nest

**Der neue Trend:
Erwachsene Kinder
wollen wieder
bei den Eltern wohnen.**

„Ich hatte eine gemeinsame Wohnung mit meiner Freundin. Aber sie wollte heiraten und Kinder haben. Dafür fühle ich mich noch viel zu jung. Deshalb bin ich wieder zu meinen Eltern gezogen", erzählt Peter Roth (21).
Zurück ins Nest – Peter ist voll im Trend. Viele junge Menschen zwischen zwanzig und dreißig ziehen zuerst in eine eigene Wohnung und kommen dann wieder zu Papa und Mama zurück. Meist freuen sich die Eltern, doch das Zusammenleben mit den erwachsenen Kindern bringt auch Probleme.
„Laute Musik hören, die ganze Nacht mit Freunden feiern, Unordnung im Zimmer – das geht nicht mehr so einfach", sagt Peter.

Aber die Mutter kocht oft sein Lieblingsgericht (Schnitzel mit Pommes frites), wäscht und bügelt seine Kleidung, und morgens um fünf Uhr, wenn Peter zur Arbeit geht, macht sie Frühstück für ihn.

Am Wochenende ist meistens auch Peters neue Freundin Gaby (21) da. „Es ist ein Fehler, so früh zusammenzuziehen", sagt sie. Auch Gaby hat schlechte Erfahrungen gemacht. „Mein ehemaliger Freund saß nur vor dem Fernseher – und ich sollte die Hausarbeit machen. Nach vier Wochen habe ich meinen Koffer gepackt und stand wieder bei meinen Eltern vor der Tür." Zurück ins Nest.

Auch der Student Michael Kamm (22) aus Gießen meint: „Warum soll ich eine teure Wohnung bezahlen? So schön wie zu Hause ist es doch nirgends."
In den siebziger Jahren dachten die jungen Leute noch anders. Sie verließen das Elternhaus, weil sie „frei" sein wollten. Mit dem Freund oder der Freundin bei den Eltern übernachten? Damals unmöglich. Heute ist das meistens kein Problem mehr. Und die Mutter macht alles.
Warum also ausziehen?

# Psychologie:
## Schlafhaltung und Charakter

**In welcher Position schlafen Sie?
Lesen Sie,
was Psychologen dazu meinen.**

**A** Sie sind eine ganz starke Persönlichkeit. Unsicherheit und Angst kennen Sie nicht.

**B** Sie sind ein unkomplizierter und optimistischer Typ. Deshalb haben Sie viele Freunde und selten Konflikte mit anderen Menschen.

**C** Ihre Gefühle sind wie eine Achterbahn: Mal ganz oben und mal ganz unten. An einem Tag sind Sie selbstbewusst und fröhlich, am nächsten unsicher und depressiv.

**D** Sie sind besonders empfindsam und haben große Sehnsucht nach Zärtlichkeit.

**E** Sie möchten Ihr Leben immer unter Kontrolle haben; Überraschungen lieben Sie nicht. Aber Sie sind zuverlässig und treu.

**F** Sie haben wenig Energie und wenig Phantasie; aber Sie sind mit Ihrem Leben zufrieden.

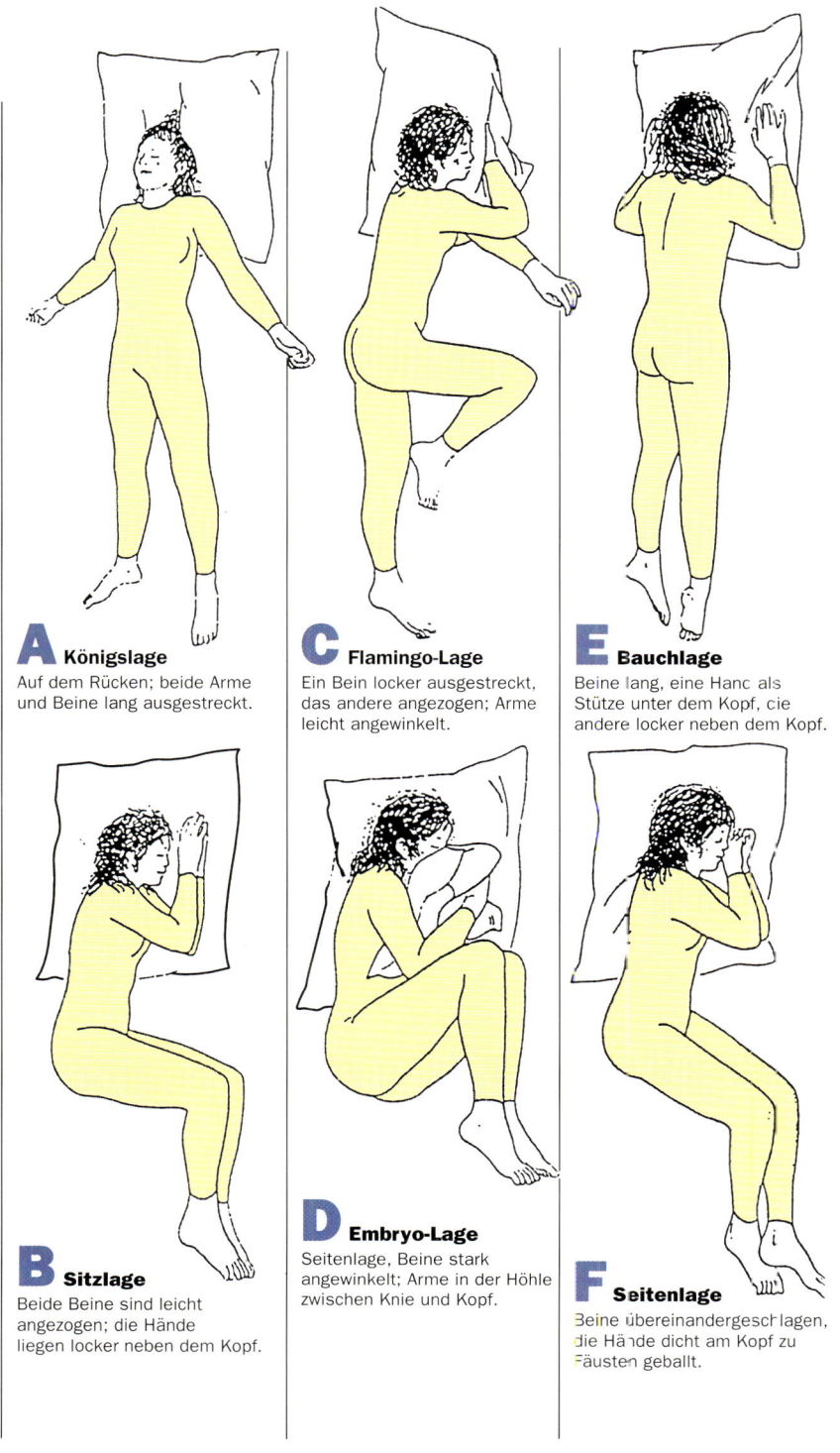

**A Königslage**
Auf dem Rücken; beide Arme und Beine lang ausgestreckt.

**C Flamingo-Lage**
Ein Bein locker ausgestreckt, das andere angezogen; Arme leicht angewinkelt.

**E Bauchlage**
Beine lang, eine Hand als Stütze unter dem Kopf, die andere locker neben dem Kopf.

**B Sitzlage**
Beide Beine sind leicht angezogen; die Hände liegen locker neben dem Kopf.

**D Embryo-Lage**
Seitenlage, Beine stark angewinkelt; Arme in der Höhle zwischen Knie und Kopf.

**F Seitenlage**
Beine übereinandergeschlagen, die Hände dicht am Kopf zu Fäusten geballt.

## Leseeinheit 5

„Eigentlich sollte ich mir eine neue Wohnung suchen", sagt Rüdiger Illguth bitter. „Aber vielleicht ist der Alptraum jetzt endlich vorbei."
Der Kaufmann (44) aus Frankfurt zeigt auf die Plakate, die in allen Fenstern seiner Wohnung hängen und von außen lesbar sind: Nach sieben Einbrüchen ist hier nichts mehr zu holen!!!

Seit zwölf Jahren wohnt der Junggeselle in seiner Frankfurter Wohnung. Sie liegt in einer teuren Wohngegend; Einbrüche gibt es häufig. Aber Rüdiger Illguth hält den Rekord. In den vergangenen vier Jahren hatte er sieben Mal „Besuch" von Einbrechern. Das erste Mal war er im Urlaub. Als er zurückkam, war seine Wohnung ein

Chaos nach einem Einbruch. Für Rüdiger Illguth ein gewohnter Anblick. ▶

# Sieben Mal haben Einbrecher meine Wohnung leergeräumt!

Chaos. Alle Schränke und Schubladen waren aufgebrochen. Musikanlage, alter Familienschmuck und Geld waren weg. Nur drei Monate später kamen die Einbrecher wieder. Dieses Mal fehlte der Fernseher, eine wertvolle Briefmarkensammlung und der Computer. Dann war ein halbes Jahr Ruhe, bevor die Diebe wiederkamen. Wieder waren Geld und technische Geräte gestohlen. Das nächste Mal kamen die Einbrecher gleich zwei Mal in einem Monat. Da stahlen sie sogar Hemden und Anzüge. Zwei weitere Einbrüche folgten.
Die Polizei konnte Rüdiger Illguth nicht helfen; die Täter sind immer noch unbekannt. Da hat er in Wut und Verzweiflung die Schilder in seine Fenster gehängt. Die Einbrecher glauben ihm wohl, denn sie haben seine Wohnung seitdem nicht mehr besucht.
Ende der Geschichte? Nicht ganz. Letzte Woche wurde sein Auto gestohlen, das vor der Haustür geparkt war.

# Witze

„Das ist Ihre neue Wohnung? Die ist aber sehr niedrig!"
„Nein, nein, unsere Teppiche sind nur so dick."

Der Hausbesitzer fragt den neuen Mieter: „Die Küche ist ziemlich klein. Stört Sie das?"
„Das ist kein Problem. Die Miete ist ja so teuer, dass ich nicht viel kochen kann."

„Wie geht es Ihnen, Frau Meier?" – „Gar nicht gut. Letzte Woche ist mein Goldfisch gestorben und jetzt ist es so still im Haus."

„Ich habe fünf Kinder", erzählt Frau Schmidt ihrer neuen Nachbarin.
„Wunderbar", sagt die Nachbarin. „Das möchte ich auch gern."
„Sie Arme. Haben Sie gar keine Kinder?"
„Doch, doch. Ich habe elf."

Ein Nachbar steht an der Wohnungstür.
„Ja, bitte?"
„Ihr Radio ist zu laut."
„Wie bitte?"
„Ich sagte, Ihr Radio ist zu laut!"
„Was ist los?"
„Zum Donnerwetter! Ihr Radio ist zu laut!"
„Tut mir leid. Ich verstehe kein Wort. Mein Radio ist zu laut!"

Eine Dame in einem Geschäft. „Mein Bekannter ist Schriftsteller. Ich suche ein Geschenk für ihn."
Verkäufer: „Schriftsteller? Wir haben hier sehr schöne Papierkörbe."

Zwei Freundinnen. „Sag mal, Brigitte, wie weckst Du morgens eigentlich deinen Mann?"
„Ich lege ihm Hundekuchen ins Bett."
„Und davon wird er wach?"
„Davon noch nicht. Aber dann kommen unsere drei Hunde ins Schlafzimmer."

Es ist dichter Nebel. Herr Müller sieht vor sich ein anderes Auto und fährt hinterher. Plötzlich steht das Auto und Herr Müller kann nicht mehr rechtzeitig bremsen. Rrrums!
„So ein Mist", schreit Herr Müller, „warum halten Sie denn ohne Grund?"
„Ohne Grund? Ich wohne hier und das ist meine Garage!"

„Fräulein Susi, darf ich mir mal Ihre hübsche kleine Wohnung ansehen?"

## Lese-einheit 6

**Inhalt:**
- S. 37 — Mehr Spaß am Leben
- S. 38 — Umfrage: Rauchen ja oder nein?
- S. 39 — Humor
- S. 40 — Ich sah meinen Mann abstürzen
- S. 41 — Tiere als Retter in der Not

### Arbeitshilfe für das Wörterbuch

Seite 37
- entspannt – **entspannen**
- beruhigt – **beruhigen**
- reinigt – **reinigen**
- besser – **gut**
- kräftige – **kräftig**
- dunkle – **dunkel**
- grauen – **grau**
- klares – **klar**
- warmes – **warm**
- weiches – **weich**
- tut – **tun**
- fühlt – **fühlen**
- tollsten – **toll**
- gelangt – **gelangen**

Seite 38
- weiß – **wissen**
- schmeckt – **schmecken**
- werde – **werden**
- wollte – **wollen**
- gibt – **geben**
- vermisse – **vermissen**
- bekam – **bekommen**
- Lungenkrebs – **(Krebs an der Lunge)**
- angefasst – **anfassen**
- probiert – **probieren**
- geraucht – **rauchen**
- klappt – **klappen**
- aufgegeben – **aufgeben**
- durchgehalten – **durchhalten**

Seite 39
- geworden – **werden**
- getan – **tun**

Seite 40
- sah – **sehen**
- kennen lernte – **kennen lernen**
- verbrachte – **verbringen**
- heirateten – **heiraten**
- geflogen – **fliegen**
- fuhr – **fahren**
- freute sich – **freuen (sich)**
- blieb – **bleiben**
- setzte mich – **setzen (sich)**
- ankam – **ankommen**
- nahm – **nehmen**
- winkte – **winken**
- dachte – **denken**
- geschieht – **geschehen**
- fliegt – **fliegen**
- stottert – **stottern**
- umkippt – **umkippen**
- abstürzt – **abstürzen**
- bohrt – **bohren**
- brennt – **brennen**
- renne – **rennen**
- weine – **weinen**
- schreie – **schreien**
- versprochen – **versprechen**
- weiß – **wissen**

Seite 41
- rennt – **rennen**
- bellt – **bellen**
- eingebrochen – **einbrechen**
- schiebt – **schieben**
- erreicht – **erreichen**
- klammert – **klammern**
- zieht – **ziehen**
- schläft – **schlafen**
- gestört – **stören**
- rettet – **retten**
- kocht – **kochen**
- gerannt – **rennen**
- jault – **jaulen**
- zieht – **ziehen**
- liegt – **liegen**
- verblutet – **verbluten**

# Mehr Spaß am Leben

**Das 10-Punkte-Programm gegen Stress und Traurigkeit**

### 1. Kleider machen gute Laune
Wenn Sie sich schlecht fühlen, dann ziehen Sie sich besonders schick an. Das schönste Kleid muss nicht immer im Schrank hängen und auf Feiertage warten.

### 2. Musik vertreibt Nervosität
Klassische Musik entspannt und beruhigt. Nehmen Sie keine Tabletten, wenn Sie im Stress sind. Viel besser ist eine halbe Stunde Mozart oder Händel. Danach sieht die Welt wieder ganz anders aus.

### 3. Putzen reinigt die Seele
Manchmal hat man zu gar nichts Lust. Da hilft körperliche Arbeit. Putzen Sie das Auto, die Fenster oder das Bad. Danach fühlen Sie sich garantiert besser.

### 4. Natur macht froh
Bei einer schönen Wanderung in der Natur kann man gar nicht traurig sein. Sogar ein Spaziergang im Regen ist besser als im Zimmer zu sitzen.

### 5. Farben gegen Müdigkeit
Kräftige Farben vertreiben dunkle Gedanken; sie machen den grauen Alltag bunt. Klares Rot, warmes Gelb oder weiches Orange sind Sonnenschein für die Seele. Schmücken Sie Ihre Umgebung mit diesen Farben; oft genügt schon ein Blumenstrauß oder ein Bild an der Wand.

### 6. Aktivität ist wichtig
Wer deprimiert ist, möchte am liebsten alleine sein. Aber dadurch wird die Stimmung nicht besser. Treffen Sie eine Verabredung fürs Kino oder für die Kneipe, auch wenn Sie eigentlich gar keine Lust haben. Die Ablenkung wird Sie auf andere Gedanken bringen.

### 7. Sport tut gut
Sport ist immer ein Plus für Ihre Gesundheit. Und wer sich fit fühlt, hat auch gute Laune. Jogger behaupten sogar, dass sie beim Laufen ein intensives Glücksgefühl haben.

### 8. Lesen ist wie ein kleiner Urlaub
Beim Lesen kann man wunderbar alle kleinen Sorgen vergessen. Legen Sie sich mit einem schönen Roman in den Garten oder auf ihr Sofa und vergessen Sie die Zeit. In ihrer Fantasie können Sie nun die tollsten Abenteuer und Liebesgeschichten erleben.

### 9. Denken Sie positiv
Beginnen Sie jeden Morgen mit dem Gedanken: „Heute ist ein schöner Tag. Es geht mir gut. Ich bin voller Lebensfreude." Diese Sätze wiederholen Sie mehrmals am Tag. Nach einiger Zeit gelangt die Botschaft in Ihr Unterbewusstsein und Sie fühlen sich tatsächlich besser.

### 10. Verwöhnen Sie Ihren Körper
Der wichtigste Mensch in Ihrem Leben sind Sie selbst! Zeigen Sie Ihrem Körper, dass Sie ihn mögen: Legen Sie sich zu Hause in die Badewanne, gehen Sie in die Sauna, genießen Sie eine Massage, pflegen Sie Hände und Füße, …

## Umfrage: Rauchen: ja oder nein?

**Rauchen ist schlecht für die Gesundheit. Das weiß heute jeder. Trotzdem rauchen in Deutschland immer noch 35% der Bevölkerung. Hier haben wir Raucher und ehemalige Raucher zum Thema befragt.**

Eigentlich möchte ich aufhören, aber ich bin beruflich zu sehr im Stress. Ohne Zigaretten kann ich einfach nicht schreiben; da kann ich mich nicht konzentrieren. Und das Bier am Abend schmeckt mit auch nur mit Zigarette, genauso wie der Kaffee am Morgen. Außerdem fühle ich mich ganz gesund. Ich habe auch keinen Raucherhusten. Aber irgendwann werde ich das Rauchen aufgeben, spätestens mit 40. (Ralf B., 27, Journalist)

Vor fünf Jahren bekam mein Arbeitskollege Lungenkrebs. Das war ein großer Schock; wir waren beide starke Raucher. Seitdem habe ich keine Zigarette mehr angefasst. Im Büro darf jetzt auch niemand mehr rauchen. Ich finde es gut, dass es überall mehr Rauchverbote gibt. (Frank P., 38, Angestellter)

Ich habe es mit Akupunktur probiert, aber schon nach einer Woche habe ich wieder geraucht. Jetzt habe ich mir einen Plan gemacht: Keine Zigarette vor 18.00 Uhr und nicht mehr als zehn Stück. Das klappt ganz gut. Nur am Wochenende rauche ich meistens mehr. (Renate F., 39, Verkäuferin)

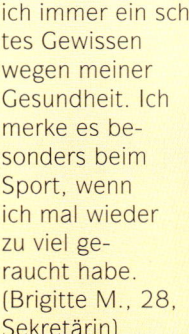

Ich bin seit zwei Jahren Nichtraucherin. Der Anlass war meine Schwangerschaft. Ich wollte ein gesundes Baby. Aber der Anfang war hart. Und sogar noch heute gibt es oft Momente, wo ich eine Zigarette vermisse. Mein Mann ist leider immer noch Raucher. Dadurch ist es für mich besonders schwer. (Uta R., 32, Lehrerin)

Ich habe das Rauchen schon tausend Mal aufgegeben, aber länger als zwei Wochen habe ich nie durchgehalten. Meine Freunde sind alle Raucher. Wenn wir uns abends treffen und Wein trinken, dann helfen mir die besten Vorsätze nicht mehr. Zigaretten sind für mich Genuss und Lebensfreude. Aber natürlich habe ich immer ein schlechtes Gewissen wegen meiner Gesundheit. Ich merke es besonders beim Sport, wenn ich mal wieder zu viel geraucht habe. (Brigitte M., 28, Sekretärin)

„Sie begleiten mich ständig. Man weiß ja nie, wann es mit einem zu Ende geht".

„Denk dir, Walter – Baby hat heute den ersten Zahn bekommen!"

„Wieder einer seiner Hustenanfälle, aber es ist schon wesentlich besser geworden".

„Ist das Ihre erste Kreuzfahrt, gnädige Frau?"

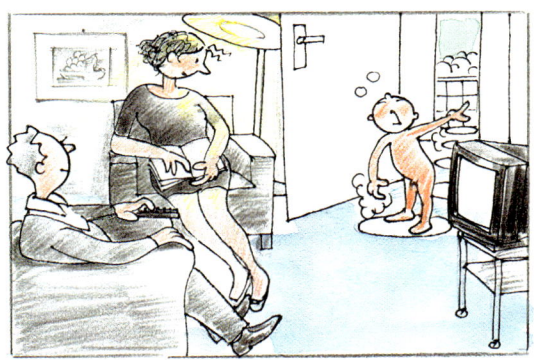

„Okay – wer hat Seife in mein Badewasser getan?"

„Der Nächste, bitte".

## Ich sah meinen Mann mit dem Flugzeug abstürzen

**Ein Bericht unserer Leserin Brigitte Kern (35)**

Schon als ich meinen Mann vor zehn Jahren kennen lernte, war er ein begeisterter Hobbyflieger. Er verbrachte jede freie Minute in der Luft, in der kleinen blauweißen „Cessna 172" seines Aeroclubs. Als wir heirateten, wusste ich, dass ich meinen Mann mit seinem Hobby teilen muss. Oft sind wir auch zusammen geflogen und es hat mir immer großen Spaß gemacht.

Alles war in Ordnung – bis zu einem Frühlingssonntag im letzten Jahr. Wir hatten Jenny zu Besuch, die achtjährige Tochter meiner Schwester. Nach dem Mittagessen fuhr mein Mann mit ihr zum Flugplatz. Er wollte Jenny unser Dorf von oben zeigen. Meine kleine Nichte freute sich sehr auf den Flug. Ich blieb zu Hause, um den Rasen zu mähen. Aber als ich im Garten war, hatte ich plötzlich ein komisches Gefühl. Der Rasen war nicht mehr so wichtig. Ich setzte mich in meinen Kleinwagen und fuhr auch zum Flugplatz. Als ich dort ankam, war die vertraute kleine Cessna gerade in Startposition.

Ich nahm meinen bunten Schal in die Hand und winkte dem rollenden Flugzeug fröhlich nach. „Viel Spaß, kleine Jenny!" dachte ich. Und dann geschieht das Entsetzliche: Die Cessna fliegt steil nach oben, kurz danach stottert der Motor und ist plötzlich still. Ich sehe, wie das Flugzeug in etwa 100 Meter Höhe umkippt, abstürzt und sich kopfüber in den Boden bohrt. Dann gibt es eine Explosion und das Wrack brennt. Ich bin wie von Sinnen, renne zur Unglücksstelle, weine, schreie. „Nicht mein Mann! Nicht meine kleine Jenny! Es ist nicht wahr!" Nichts anderes kann ich denken. Die Rettungsleute vom Flugplatz sind mit ihrem Jeep vor mir angekommen. Zwei junge Männer ziehen einen schwarzen Körper aus den Trümmern, verbrannt, tot. Ich falle in Ohnmacht.

Als ich aufwache, liege ich auf der Intensivstation des Kreiskrankenhauses. „Gott sei Dank, sie ist wieder da", sagt eine Stimme. Was ist nur passiert? Da sehe ich Jenny und meinen Mann neben meinem Bett. Plötzlich kann ich mich erinnern: Sie sind tot, sie sind doch tot! Es dauert lange, bis ich verstehe, was mir mein Mann erzählt. Er und Jenny waren nicht in der Cessna. Als sie am Flugplatz ankamen, war die Maschine nicht frei. Deshalb haben sie einen Spaziergang gemacht. Ein 66jähriger Mann war im Flugzeug. Sein Start ist zu steil gewesen.

„Wenn du willst, fliege ich nie mehr", hat mir mein Mann versprochen. Aber ich weiß, dass er damit nicht glücklich sein kann. Ich muss lernen, das schreckliche Unglück zu vergessen.

# Tiere als Retter in der Not

## Unglück auf dem Eis

Ein kalter Abend im Februar. Herr und Frau Hansen aus Norddeutschland sitzen vor dem Fernseher. Der Jagdhund „Astor" ist auch im Wohnzimmer. Plötzlich rennt er zur Terrassentür und bellt. Da entdecken auch seine Besitzer das Unglück: Lisa, ein kleines Mädchen aus der Nachbarschaft, ist durch die Eisdecke des Gartenteichs eingebrochen; nur noch ihr Kopf ist zu sehen. Astor it als erster bei dem Kind. Auf dem Bauch schiebt er sich über die Eisfläche, bis er das Loch erreicht hat. Die achtjährige Lisa klammert beide Arme um den Hals des Hundes, und Astor zieht sie auf die Eisdecke. Auf dem Rückweg brechen beide noch zwei Mal in das eskalte Wasser ein. Dann sind sie so nahe am Ufer, dass Herr und Frau Hansen Kind und Hund herausziehen können. Lisa und ihr Lebensretter sind seitdem dicke Freunde.

## Katze als Alarmanlage

Zwei Uhr nachts in Hamburg. Petra Frank (38) ist allein in ihrer großen Vierzimmerwohnung; sie schläft. Mit ihr im Schlafzimmer ist wie immer die Katze Bessie. Plötzlich wird Petra wach. Bessie sitzt auf dem Kopfkissen und streicht ihr mit der Pfote sanft über das Gesicht. Das ist ungewöhnlich, denn die Katze hat sie noch nie beim Schlafen gestört. Da hört Petra ein Geräusch. Eine Männerhand greift durch das Schlafzimmerfenster, das wegen des warmen Wetters leicht geöffnet ist. In Schreck und Angst schreit Petra laut um Hilfe. Das ist ihre Rettung. Der Mann flüchtet auf seinem Motorrad. Später erfährt Petra Frank von der Polizei, dass in ihrer Gegend schon zwei junge Frauen Opfer einer Vergewaltigung waren. Der Täter kam immer nachts durchs Fenster. Vielen Dank, du kluge Bessie!

## Tasso rettet sein Herrchen

Frau Brunken (48) kocht eine Suppe für das Mittagessen. Ihr Mann (51) ist mit dem Schäferhund Tasso hinter dem Haus, weil er einen Baum fällen will. Auf einmal kommt Tasso in die Küche gerannt. Er jault und zieht Frau Brunken am Rock. „Komm schnell mit", will er sagen. Eine Minute später ist Frau Brunken bei ihrem Mann. Er hat sich mit der Axt verletzt und liegt ohnmächtig am Boden. Die Wunde am Bein blutet stark. Als ehemalige Krankenschwester kann Frau Brunken Erste Hilfe leisten. Sie weiß: Ohne Tasso wäre ihr Mann verblutet.

# Lese-einheit 7

**Inhalt:** S. 43      Umfrage: Mein größter Fehler
S. 44      Tipps für Mütter mit kleinen Kindern
S. 45      Comic Strip: Total fixiert
S. 46      Hilfe, wir haben ein Eheproblem!
S. 47      Ich habe ein Kind totgefahren

**Arbeitshilfe für das Wörterbuch**

Seite 43
- größter – **groß**
- vergesse – **vergessen**
- gekauft – **kaufen**
- notiert – **notieren**
- hilft – **helfen**
- gebe … aus – **ausgebe**
- trage – **tragen**
- fühle mich … wohl – **(sich) wohl fühlen**
- gewöhnt – **gewöhnen**
- wird – **werden**
- rief … an – **anrufen**
- hingefahren – **hinfahren**
- passiert – **passieren**
- weiß – **wissen**
- schleudert – **schleudern**
- steigt … aus – **aussteigen**
- beugt – **(sich) beugen**
- hält – **halten**
- erlebt – **erleben**
- wartet – **warten**
- zeigt – **zeigen**
- lautet – **lauten**
- erfährt – **erfahren**
- gelaufen – **laufen**
- verloren – **verlieren**
- saß – **sitzen**
- gewechselt – **wechseln**

Seite 44
- muss – **müssen**
- früher – **früh**
- entdeckt – **entdecken**
- vorliest – **vorlesen**

Seite 45
- rumtüddeln – **(= sich beschäftigen)**
- gewickelt – **wickeln (= Windel wechseln)**
- schreit – **schreien**

Seite 46
- darf – **dürfen**
- getroffen – **treffen**
- gegangen – **gehen**
- kam – **kommen**
- geschrien – **schreien**
- gehört – **gehören**
- flirtet – **flirten**
- trifft – **treffen**
- liegt – **liegen**
- erkennt – **erkennen**

Seite 47
- totgefahren – **totfahren**
- getötet – **töten**
- transportierte – **transportieren**
- angehalten – **anhalten**
- hupt – **hupen**
- überholt – **überholen**
- sieht – **sehen**
- hört – **hören**

# Mein größter Fehler

Kein Mensch ist perfekt, und das ist auch gut so. Aber es gibt Fehler, die man gern ändern möchte. Zu diesem Thema haben wir eine Umfrage in Berlin gemacht.

**Maria Golzer (24)**
Ich vergesse alle Geburtstage. Sogar den Geburtstag meiner Geschwister kann ich mir nicht merken. Meine Verwandten und Freunde kennen mein Problem schon, aber ein bisschen beleidigt sind sie doch immer, wenn ich nicht rechtzeitig gratuliere. Jetzt habe ich mir einen Kalender gekauft und die wichtigsten Geburtstage notiert. Aber ich glaube nicht, dass es hilft.

**Mirco Siems (24)**
Ich gebe zu viel Geld für Kleidung aus. Wenn ich in die Stadt gehe, komme ich nie ohne einen neuen Pullover oder eine neue Hose zurück. Meistens trage ich die Sachen nicht lange und verschenke sie dann. Ich fühle mich einfach nur in neuer Kleidung wohl. Meine Freunde nennen mich „dressman", aber sie haben sich an meinen Tick gewöhnt.

**Vera Hutten (32)**
Meine größte Schwäche ist meine Unpünktlichkeit. Ich komme zu jedem Termin zu spät, auch wenn er sehr wichtig für mich ist. Irgend etwas passiert mir immer, wenn ich in Eile bin: Ich finde meine Autoschlüssel nicht, meine Handtasche ist weg oder ich mache mir einen Fleck aufs Kleid. Auch zur Arbeit komme ich oft zu spät, aber mein Chef ist da ziemlich tolerant.

**Frank Falken (29)**
Ich kann nicht „nein" sagen; das ist mein größter Fehler. Der gute Frank macht alles: Autos reparieren, Zimmer tapezieren, bei Umzügen helfen – und wenn meine Freunde in den Urlaub fahren, nehme ich Hunde und Katzen in Pflege. Es wird immer schlimmer, weil alle wissen, dass ich viel zu gutmütig bin. Neulich rief mich nachts ein Bekannter an, der eine Panne auf der Autobahn hatte; er wollte das Geld für den Abschleppdienst sparen. Da bin ich das hingefahren. Aber schlafen konnte ich auch nicht mehr, weil ich ein schlechtes Gewissen hatte.

**Gaby Bäumer (19)**
Eis, Schokolade, Gummibärchen, Pralinen: Davon kann ich nie genug bekommen. Ich liebe Süßes, obwohl ich natürlich weiß, dass es nicht gesund ist. Zum Glück werde ich nicht dick davon.

# Jeden Tag der gleiche Stress?
## Das muss nicht sein!
### Tipps für Mütter mit kleinen Kindern

**7.00** **Chaos zum Frühstück**

Morgens ist der Stress am größten. Der Mann muss zur Arbeit, die Kinder in den Kindergarten oder in die Schule. Jeder will ins Bad und zur Toilette. Schlechte Laune beim hektischen Frühstück.

**Tipp:** Beginnen Sie den Tag eine halbe Stunde früher, auch wenn jede Minute im Bett für Sie morgens kostbar ist. Ein ruhiger Start ist ein Gewinn für den ganzen Tag.

**8.30** **Hausarbeit – aber wie?**

Der Mann und die größeren Kinder sind weg. Zeit für die Hausarbeit. Aber der Zweijährige will mit Mama spielen.

**Tipp:** Kleine Kinder „helfen" gerne bei der Arbeit. Während Sie staubsaugen, darf das Jüngste mit einem Besen kehren.

**10.30** **Stress im Supermarkt**

Der Kleine entdeckt im Supermarkt viele schöne Sachen, die er haben möchte. Geschrei und Tränen, weil er sie nicht bekommt. Am Ende des Einkaufs ist die Mutter auch mit den Nerven am Ende.

**Tipp:** Machen Sie nur kleine Einkäufe mit dem Kind. Bitten Sie Ihren Mann, samstags den Großeinkauf zu erledigen.

**12.30** **Alle haben Hunger**

Die Kinder sind wieder zu Hause und haben großen Hunger. Alle sind in der Küche und jammern, weil das Essen noch nicht fertig ist.

**Tipp:** Geben Sie den Kindern ein Stück Obst oder eine Scheibe Brot. Dann können Sie in Ruhe kochen. Keine Angst, dass die Kinder dadurch den Appetit verlieren. Wichtig ist nur, dass alle zusammen immer ohne Stress und Hektik am Esstisch sitzen.

**15.00** **Keine Ruhe für eine Tasse Tee**

Größter Wunsch am Nachmittag: Jetzt mal für eine Stunde Zeitung lesen und in Ruhe eine Tasse Tee trinken. Aber dafür haben die Kinder kein Verständnis. Sie klagen über Langeweile oder streiten sich.

**Tipp:** Laden Sie andere Kinder zum Spielen ein. Dann gibt es zwar mehr Lärm, aber die Kinder sind zufrieden. Und Sie können eine Pause machen.

**19.00** **Die Kinder wollen nicht ins Bett**

Vor dem Abendessen sollen sich die Kinder waschen und die Schlafanzüge anziehen. Aber sie rennen durch die Wohnung und wollen noch mit Papa spielen.

**Tipp:** Bitten Sie Ihren Mann, dass er eine Geschichte vorliest. Dabei können sich die Kinder langsam ausziehen und Sie machen in Ruhe das Abendessen.

### Jutta Bauer
# TOTAL FIXIERT!

# Hilfe, wir haben ein Eheproblem!

*Ein Fall aus der Praxis von Frau Dr. Hilde Stamm (Diplompsychologin)*

**Sonja (28), Hausfrau:** Mein Mann macht mir das Leben zur Hölle mit seiner Eifersucht! Wenn wir zusammen ausgehen, darf ich mich mit keinem Mann unterhalten. Kurze Röcke und enge Kleider darf ich auch nicht tragen. Ernst möchte mich am liebsten im Haus einsperren. Wenn ich einkaufen gehe, muss ich ihm das vorher sagen. Mehrmals am Tag ruft er an, um mich zu kontrollieren. Neulich habe ich zufällig eine alte Freundin in der Stadt getroffen. Da sind wir in ein Café gegangen und ich kam etwas später nach Hause. Mein Mann hat mir eine furchtbare Szene gemacht. „Wie heißt der Kerl?" hat er geschrien. Es war ein furchtbarer Streit. Ich weiß nicht mehr, was ich machen soll. Ernst ist immer eifersüchtig. Dabei liebe ich ihn; ich will doch gar keinen anderen Mann. Aber so kann ich nicht leben.

**Ernst (35), Vertreter:** Meine Frau ist sehr attraktiv und ich weiß doch, was die Männer von ihr wollen. Ist es da nicht normal, wenn man als Ehemann eifersüchtig ist? Sie hat mich geheiratet und jetzt ist sie meine Frau. Also soll sie auch zeigen, dass sie zu mir gehört. Soll ich denn zusehen, wie sie mit anderen Männern flirtet? Und natürlich möchte ich wissen, was meine Frau macht, wenn ich nicht zu Hause bin. Das ist doch wohl normal, oder?

**Frau Dr. Stamm:** Ernst muss seiner Frau mehr vertrauen, sonst macht er mit seiner Eifersucht die Ehe kaputt. Sonja ist seine Partnerin und nicht sein Besitz. Sie hat, wie jeder Mensch, ein Recht auf persönliche Freiheit. Dazu gehört auch, dass sie Freunde trifft und sich ohne Angst vor ihrem Mann mit anderen Menschen unterhalten kann. In den meisten Ehen ist das selbstverständlich. Es ist also nicht „normal", wie Ernst sagt, dass er den Tagesablauf seiner Frau kontrolliert. Offenbar sind Misstrauen und Eifersucht seine zentralen Gefühle. Das Problem liegt bei ihm. Wenn er das nicht erkennt, sehe ich keine Chance für die Ehe von Ernst und Sonja.

# Schicksal:
# Ich habe ein Kind totgefahren

**Lothar Raabe (33) hat mit seinem Auto ein zehnjähriges Schulkind getötet. Das hat sein ganzes Leben verändert.**

Vor drei Jahren war Lothar Raabe Fahrer von Beruf. Für eine Elektrofirma transportierte er Kühlschränke, Waschmaschinen und andere Geräte zu den Kunden. Das letzte Mal an einem Regentag im November.

Es ist 12.30 Uhr. Lothar Raabe fährt mit seinem Lieferwagen durch ein Dorf. Er ist in Eile. Vor ihm hat ein Schulbus angehalten. Lothar Raabe hupt und überholt den Bus. Er sieht einen Schatten, hört einen Schlag, ein Körper schleudert durch die Luft. Wie in Trance steigt Lothar Raabe aus seinem Wagen. Zwei Meter vor ihm liegt ein Junge auf dem Rücken; seine Augen sind wie im Schlaf geschlossen. Kinder stürzen aus dem Bus; sie schreien und weinen. Eine Frau kommt dazu; sie beugt sich über den toten Jungen und sagt nur ein Wort: „Michael." Es ist die Mutter. Der Bus hält immer vor ihrer Haustür; sie hat den Unfall gesehen.

Lothar Raabe erlebt die schlimmsten Minuten seines Lebens. Neben der Leiche des Jungen wartet er auf den Krankenwagen und die Polizei. Niemand spricht mit ihm, aber alle schauen zu ihm hin. „Das ist der Mörder", sagt ein Mädchen zu einem alten Mann und zeigt auf Lothar Raabe.

Zehn Monate später ist der Prozess. Die Anklage lautet auf „fahrlässige Tötung". Mit dem Prozess erlebt Raabe den schrecklichen Tag noch einmal. Und er erfährt, warum das Kind über die Straße gelaufen ist. Michael wollte nach einer Mütze suchen, die er morgens an der Bushaltestelle verloren hatte. Schnell, bevor die Mutter merkt, dass sie weg ist. Ein Mitschüler, der neben ihm im Bus saß, erzählt es weinend. Für den Richter gibt es keinen Zweifel: Lothar Raabe ist schuldig. Jeder Autofahrer muss wissen, dass Kinder unvorsichtig sind. Schulbusse darf man nur mit ganz geringer Geschwindigkeit und großem Abstand überholen. Raabe bekommt eine Geldstrafe von 2400 DM.

Inzwischen hat er seinen Wohnort und seinen Beruf gewechselt. Lothar Raabe wollte nicht mehr in der Gegend leben, wo er ein Kind getötet hat. Und Auto fahren kann er nicht mehr, nicht mehr beruflich und nicht mehr privat; der Schock war zu groß. Jetzt verkauft er Teppiche in einem Kaufhaus. „Dieser Tag hat mein Leben verändert", sagt Lothar Raabe. „Bis an mein Lebensende werde ich das tote Kind vor mir liegen sehen."

# Lese-einheit 8

**Inhalt:**
- S. 49 Umfrage: Sind Sie abergläubisch?
- S. 50 Kurze Meldungen aus aller Welt
- S. 51 Belästigungen in der U-Bahn
- S. 52 Die Halligen: „Langweilig ist es hier nie"
- S. 53 Humor

## Arbeitshilfe für das Wörterbuch

Seite 49
- trage – **tragen**
- darf – **dürfen**
- passiert – **passieren**
- lag – **liegen**
- zerbricht – **zerbrechen**
- bringt – **bringen**
- stellt – **stellen**
- brennende – **brennen**
- steige – **steigen**
- rechten – **rechts**
- linken – **links**
- schlechten – **schlecht**
- verschüttet – **verschütten**

Seite 50
- wurde – **werden**
- stand – **stehen**
- gab – **geben**
- setzte … ein – **einsetzen**
- umgestürzten – **umstürzen**
- mußten – **müssen**
- saß – **sitzen**
- fuhr – **fahren**
- gezogen – **ziehen**
- zurückbrachte – **zurückbringen**
- bemerkt – **bemerken**
- fand – **finden**
- geflogen – **fliegen**
- bricht … zusammen – **zusammenbrechen**
- zurückkehrte – **zurückkehren**
- bestes – **gut (besser, am besten)**
- gewonnen – **gewinnen**
- lebt – **leben**
- bekam – **bekommen**
- gefunden – **finden**

Seite 51
- sitzt – **sitzen**
- greift – **greifen**
- steigen … aus – **aussteigen**
- veranstaltet – **veranstalten**
- entwickelt – **entwickeln**
- beginnt – **beginnen**
- schafft – **schaffen**
- aufhört – **aufhören**
- belästigt – **belästigen**

Seite 52
- ist … gezogen – **ziehen**
- aufgewachsen – **aufwachsen**
- geändert – **ändern**
- erlaubt – **erlauben**
- sinkt – **sinken**

Seite 53
- funkt – **funken**
- fliegt – **fliegen**
- fotografiert – **fotografieren**
- passiert – **passieren**
- nimmst – **nehmen**
- armen – **arm**
- stoppt – **stoppen**
- mag – **mögen**

# Sind Sie abergläubisch?

**Monika Goll (21), Studentin:** Ich trage einen Talisman aus Gold um den Hals. Den darf ich nicht vergessen, sonst passiert ein Unglück. Letztes Jahr hatte ich einen Autounfall. Ganz klar, weil mein Talisman zu Hause lag.

**Doro Janßen (38), Schneiderin:** Ich habe große Angst, dass mir einmal ein Spiegel zerbricht. Dann hätte ich sieben Jahre Pech.

**Rudi Gronau (28), Verkäufer:** Schuhe auf dem Tisch: Das bringt Unglück. Wenn mein kleiner Sohn seine Schuhe auf den Tisch stellt, nehme ich sie sofort herunter. Vielleicht ist das Unsinn, aber ich glaube daran.

**Uschi Uhlen (23), Hausfrau:** Meine Geburtstagskerze, das Lebenslicht, muss den ganzen Tag brennen. Sonst werde ich jung sterben. Wenn ich an meinem Geburtstag aus dem Haus gehe, stelle ich die brennende Kerze in die Badewanne. Mit etwas Wasser darin, damit kein Brand entstehen kann.

**Karl Busse (52), Förster:** Ich steige morgens immer mit dem rechten Fuß aus dem Bett. Wenn man mit dem linken Fuß zuerst aufsteht, hat man einen schlechten Tag.

**Anna Plog (31), Lehrerin:** Vor schwarzen Katzen habe ich keine Angst, weil ich Tiere liebe. Aber ich habe einen anderen Aberglauben. Mit Salz bin ich immer vorsichtig, denn wenn man Salz verschüttet, gibt es Streit.

**Eva Kurz (27), Angestellte:** Man darf keine Messer verschenken; das bringt Unglück.

# Kurze Meldungen aus aller Welt

## Österreich
### Reisebus mit 53 Touristen im Schneechaos

Der Urlaubsbeginn wurde für 53 Rentner aus Norddeutschland zum Horror. Mit dem Reisebus wollten sie nach Österreich in die Berge. Vierzehn Tage Schnee und Sonne, so stand es im Prospekt. Und Schnee gab es tatsächlich mehr als genug. Eine Stunde vor dem Reiseziel setzte ein Schneesturm ein. Vor einem umgestürzten Baum war die Fahrt zu Ende. Eine ganze Nacht mussten die Reisenden (alle über 65 Jahre alt) in Angst und Kälte auf Rettung warten. Jetzt wollen die meisten den nächsten Urlaub auf Mallorca verbringen. ■

## Großbritannien
### Zwölfjähriger „stiehlt" Vaters Auto

Auf der Autobahn A82 machte die schottische Polizei eine ungewöhnliche Entdeckung: Da saß ein Kind hinter dem Steuer eines Kleinwagens und fuhr in Richtung Inverness. Der zwölfjährige Junge wollte dort seine Freundin Anne besuchen. Er hatte großen Liebeskummer, denn das kleine Mädchen, vorher seine Nachbarin, war mit ihren Eltern nach Inverness gezogen. Der Vater des kleinen Autofahrers war sehr überrascht, als ihm die Polizei Sohn und Wagen zurückbrachte. Er hatte den „Diebstahl" noch nicht bemerkt. ■

## Kanada
### Ehefrau des Piloten musste Flugzeug landen

Robert M. aus Vancouver (Kanada) wollte mit seinem kleinen Privatflugzeug übers Wochenende seine Schwester besuchen. Neben ihm seine Frau, die keinen Pilotenschein hat und noch nie selbst geflogen ist. In 3000 Meter Höhe bricht Herr M. am Steuer zusammen: Herzanfall. Mit Hilfe ihres Mannes kann Frau M. das Flugzeug auf einer Straße landen. Das Flugzeug ist kaputt, aber beide leben. ■

## Spanien
### Brieftaube macht Fernreise

Alfonso F. aus Madrid liebt seine Brieftauben und war deshalb sehr traurig, als seine weiße „Carmencita" von einem Flugwettbewerb nicht zurückkehrte. Sie war sein bestes Tier und hatte schon viele Preise gewonnen. Zwei Jahre später hatte Alfonso F. natürlich längst keine Hoffnung mehr, dass seine verlorene Taube noch lebt. Aber da bekam er Post aus China. Ein chinesischer Brieftaubenfreund hatte Carmencita gefunden. Und mit Hilfe ihres Rings fand er auch die Adresse von ihrem Besitzer. Jetzt kommt die Taube wieder nach Spanien zurück, aber dieses Mal mit dem Flugzeug. ■

# Belästigungen in der -Bahn

## Wie man sich wehren kann

Sie sitzen in der U-Bahn und lesen Zeitung. Gegenüber sitzt ein junger Mann. Er hat eine Bierdose in der Hand und ist ganz offenbar betrunken. Plötzlich greift er nach Ihrer Zeitung und sagt: „Komm, wir steigen jetzt zusammen aus!" Sie haben Angst, sie fühlen Panik. Wie sollen Sie jetzt reagieren?

Solche Szenen passieren in der U-Bahn täglich, und vor allem Frauen fürchten sich, wenn sie abends die öffentlichen Verkehrsmittel benutzen müssen.

In Hamburg und Berlin gibt es jetzt Hilfe: Die Polizei veranstaltet „Anti-Gewalt-Seminare". Dort kann man lernen, wie man sich gegen Belästigungen wehren kann, ohne sich oder andere in Gefahr zu bringen. Kriminalhauptkommissar Reinhard Kautz hat dazu ein Konzept entwickelt.

**Das sind seine Ratschläge:**

- Zeigen Sie sich in der U-Bahn immer sicher und selbstbewusst. Die Täter suchen nach ängstlichen und schwachen Opfern.

- Wenn Sie sich wehren, haben Sie gute Chancen: Die meisten Täter rechnen nämlich nicht mit Widerstand.

- Eine Belästigung beginnt oft mit einer körperlichen Berührung. Reagieren Sie schnell und sprechen Sie den Täter laut an. Fragen Sie zum Beispiel ganz frech: „Oh, war ich das oder waren Sie das?"

- Siezen Sie den Täter immer. Das schafft Distanz, und die anderen Mitfahrer erkennen, dass Sie nicht mit ihrem Partner oder einem Bekannten streiten.

- Wenn der Täter nicht aufhört, brauchen Sie die Hilfe der anderen Fahrgäste. Sagen Sie laut und deutlich: „Ich werde belästigt. Bitte helfen Sie mir!"

- Wenn die anderen Fahrgäste nicht reagieren, sprechen Sie gezielt jemanden an. Sagen Sie zum Beispiel: „Sie – der Herr mit dem roten Pullover – bitte helfen Sie mir! Ich werde belästigt."

Britta und Honke sind glücklich auf Ihrer Hallig

Halligen sind ein weltweit einmaliges Naturphänomen. Es gibt nur zehn und die liegen vor der deutschen Nordseeküste.

# „Langweilig ist es hier nie"

… sagt Britta Johannsen (25). Das können viele Menschen nicht verstehen, denn eine Hallig ist eine kleine Insel; hier gibt es keine Disco, kein Kino, kein Theater, kein Restaurant, keine Modegeschäfte – und nur ganz wenige Menschen. Britta ist vor zwei Jahren aus Liebe zu ihrem Mann auf die Hallig Langeneß gezogen. Honke ist hier aufgewachsen, und nur hier kann er leben. Britta kommt vom Festland und kannte die Halligen nur von kurzen Besuchen. Gefallen haben sie ihr früher nicht. Aber als sie vor acht Jahren ihren Honke traf, hat sie ihre Meinung geändert.

Die Bewohner einer Hallig leben in einer eigenen kleinen Welt in der Nordsee. Zum Land und wieder nach Hause kommt man mit dem Boot – wenn man Glück hat und wenn das Wetter es erlaubt. Einen regelmäßigen Fahrplan gibt es nicht. Den machen das Wasser und der Wind. Etwa fünfzig Mal im Jahr sind die Halligen fast ganz unter Wasser, denn sie liegen kaum höher als der Meeresspiegel. Nur die wenigen Häuser, die auf den höchsten Punkten liegen, schauen dann aus der Nordsee heraus. Pferde, Schafe und Kühe müssen im Stall bleiben, und die Menschen warten, bis das Wasser wieder geht. Das Besondere an den Halligen: Sie sind keine richtigen Inseln, weil sie eigentlich zum Festland gehören. Bei Ebbe sinkt der Wasserspiegel etwa um zwei Meter. Dann kann man sogar zum Land laufen, wenn man den Weg genau kennt. Aber das ist weit und gefährlich.

Was macht ein junges Ehepaar in dieser kleinen Welt aus Wiesen, Wind und Wellen? Britta und Honke Johannsen kennen keine Langeweile, weil sie die Natur lieben. Abends sind sie in ihrem Wohnzimmer und lesen oder sie besuchen ihre Nachbarn.

Zum Festland fährt Britta nur alle zwei Wochen, um Lebensmittel einzukaufen. Und dann ist sie immer froh, wenn sie wieder in die Ruhe ihrer Insel zurückkommt. Und Urlaub? Britta und Honke träumen nicht von Palmen und Sonne. Lieber fahren sie nach Dänemark. Eine Woche. Im Winter.

Die Hallig ist unter Wasser. Nur die wenigen Häuser schauen aus dem Meer.

# Humor

Ein Astronaut funkt an die Bodenstation: „Ein UFO fliegt neben mir und fotografiert mich. Was soll ich machen?" Antwort von der Bodenstation: „Lächeln!"

Was ist los? Haben Sie noch nie einen Jumbo-Jet gesehen?

Ein Millionär sagt zu seinem Sohn: „Es tut mir leid, aber heute brauche ich den Rolls Royce und den Chauffeur selbst." „Aber Papa, wie komme ich denn dann in die Schule?" „Du nimmst eben ein Taxi wie die armen Kinder!"

Verkehrskontrolle. Ein Polizist stoppt einen Autofahrer und sagt: „Bitte kommen Sie mit zum Alkoholtest." „Sehr gern. Aber Wein mag ich nicht. Haben Sie auch Bier oder Whisky?"

Ein Mann sagt zu seinem Freund: „Ich glaube, ich muss mir ein neues Auto kaufen. Immer wenn ich parke, fragt mich ein Polizist, wo der Unfall passiert ist."

Hallo, Liebling. Eine gute Nachricht. Ich meine jetzt auch, dass wir ein neues Auto brauchen.

# Lese-einheit 9

**Inhalt:**
- S. 55 Was macht Sie richtig glücklich?
- S. 56 12 Wege, eine Frau zu beeindrucken
- S. 57 Mein schönstes Geschenk
- S. 58 Comic Strip: Hägar der Schreckliche
- S. 59 Mein persönliches Problem

### Arbeitshilfe für das Wörterbuch

| | | |
|---|---|---|
| Seite 55 | gelebt | – leben |
| | stehe … auf | – aufstehen |
| | kontrolliert | – kontrollieren |
| | spüre | – spüren |
| | jogge | – joggen |
| Seite 56 | getroffen | – treffen |
| | erzählt | – erzählen |
| | spricht | – sprechen |
| | sucht | – suchen |
| Seite 57 | gefragt | – fragen |
| | geschenkt | – schenken |
| | darf | – dürfen |
| | gebe | – geben |
| | repariert | – reparieren |
| | lackiert | – lackieren |
| | gestrickt | – stricken |
| | trage | – tragen |
| | verschwunden | – verschwinden |
| | kam | – kommen |
| | gebaut | – bauen |
| | schwammen | – schwimmen |
| | gefreut | – freuen |
| Seite 58 | hasse | – hassen |
| | darf | – dürfen |
| Seite 59 | berät | – beraten |
| | weiß | – wissen |
| | erwartet | – erwarten |
| | soll | – sollen |
| | verlangt | – verlangen |
| | leiht | – leihen |
| | vergisst | – vergessen |
| | zurückzugeben | – zurückgeben |
| | verteidigt | – verteidigen |

# Was macht Sie richtig glücklich?

**Monika Schäfer, 22,** Studentin

Seit einem Jahr studiere ich in Florenz; das ist eine wundervolle Stadt. Vorher habe ich bei meinen Eltern in Deutschland gelebt. Erst hier fühle ich mich richtig glücklich, weil ich ganz frei bin. Morgens stehe ich auf, wann ich will, und ich komme nach Hause, wann ich will. Niemand kontrolliert mich; ich kann machen, was ich möchte. Frei sein – das ist für mich Glück.

**Sabine Reuter, 32,** Arzthelferin

Wirklich glücklich bin ich nur mit anderen Menschen – wenn ich mit meinem Mann oder mit meinen Freunden zusammen bin. Da gibt es manchmal Momente totaler Harmonie. Es ist schön, wenn man gemeinsam etwas genießen kann, ein schönes Essen zum Beispiel oder ein Konzert. Wenn ich alleine bin, habe ich nie solche Glücksgefühle.

**Richard Schneider, 34,** Regisseur

Im Moment habe ich kein Privatleben, denn ich brauche alle Energie für meinen Beruf. Regisseur zu sein ist mein Traumjob. Gerade habe ich eine Produktion fürs Fernsehen gemacht. Damit waren alle sehr zufrieden. Ich bin nur dann glücklich, wenn ich mit meiner Arbeit Erfolg habe. Dann schlafe ich gut und stehe morgens zufrieden auf.

**Michael Bruns, 27,** Angestellter

Ich bin glücklich, wenn ich ein gutes Körpergefühl habe und wenn ich spüre, daß ich gesund, fit und voller Energie bin. Deshalb esse ich kein Fleisch, trinke keinen Alkohol und mache viel Sport. Nach der Arbeit jogge ich jeden Tag eine Stunde. Dann ist der ganze Stress und Ärger weg und es geht mir super.

# 12 Wege, eine Frau zu beeindrucken

**Sie haben Ihre Traumfrau getroffen. Wir helfen Ihnen dabei, keine Fehler zu machen.**

**1.** Eine moderne, emanzipierte Frau will keine Blumen? Völlig falsch. Aber geben Sie ihr die Blumen nicht einfach in die Hand. Viel besser: Schicken Sie einen großen Strauß an ihren Arbeitsplatz. Dann sind alle Kolleginnen neidisch und sie ist stolz wie eine Königin.

**2.** Schenken Sie ihr keine Schokolade, denn die moderne Frau fürchtet Kalorien mehr als Spinnen und Mäuse. Viel besser ist ein Parfüm, aber es darf nicht billig sein. Kaufen Sie die kleinste Flasche mit dem höchsten Preis.

**3.** Jede Frau will schön, sexy und klug sein. Sagen Sie ihr, dass sie es ist!

**4.** Spielen Sie nicht John Wayne. Frauen mögen es, wenn Männer Gefühle zeigen.

**5.** Sie putzen Ihre Schuhe nicht und wechseln die Unterwäsche nur jede Woche? Ein großer Fehler! Keine Frau liebt einen ungepflegten Mann.

**6.** Hören Sie zu, wenn sie Ihnen etwas erzählt. Das können nur wenige Männer, weil sie am liebsten selbst reden.

**7.** Frauen lieben luxuriöse Überraschungen. Sie laden sie ins Kino ein, aber statt dessen fahren Sie mit ihr in ein erstklassiges Restaurant. Dort haben Sie einen Tisch reserviert – und das Menü beginnt natürlich mit Champagner.

**8.** Zeigen Sie, daß Sie Babys mögen. (Das ist kein Witz. Jede Frau, auch wenn sie jetzt nur von ihrer Karriere spricht, sucht unbewusst den Vater für ihre zukünftigen Kinder.)

**9.** Im Bett ohne Worte? Ganz verkehrt! Frauen lieben es, wenn Männer beim Sex reden. Sprechen Sie leise und zärtlich mit ihr.

**10.** Spielen Sie den Doktor, wenn sie die Grippe hat: Holen Sie Medikamente aus der Apotheke, kochen Sie eine leichte Suppe und lesen Sie ihr aus einem Buch vor.

**11.** Sie möchte mal Ihr tolles Auto fahren? Natürlich sind Sie einverstanden. Und natürlich halten Sie sich nicht verkrampft am Sitz fest. Sie sind ganz entspannt und zeigen ihr, dass sie wundervoll fährt.

**12.** Das Wichtigste zum Schluss. Sagen Sie: „Ich liebe Dich." Diese drei Worte haben eine magische Wirkung.

# Mein schönstes Geschenk

*Jeder liebt Geschenke, aber sie müssen nicht immer wertvoll sein. Ein kleiner Blumenstrauß kann manchmal mehr Freude machen als ein Diamantring. Wir haben Menschen auf der Straße gefragt, was ihr schönstes Geschenk war.*

**Silke, 9 Jahre:**

Mein schönstes Geschenk ist Mono. Das ist mein Kater. Er ist so lieb. Mein Opa hat ihn mir zum Geburtstag geschenkt. Er darf bei mir im Zimmer schlafen, aber nicht in meinem Bett. Wenn ich mittags nach Hause komme, gebe ich ihm mein Schulbrot.

**Erwin N., 24 Jahre:**

Mein schönstes Geschenk? Ich glaube, das ist der Schal, den meine Freundin für mich gestrickt hat. Er ist ganz weich, und im Winter trage ich ihn immer. Für sie war es schwere Arbeit, weil sie nicht gut stricken kann. Der Schal ist ein Liebesbeweis.

**Ina B., 20 Jahre:**

Mein Vater hat mir zum Abitur ein Auto geschenkt. Das war eine tolle Überraschung. Der Wagen ist schon zwölf Jahre alt, aber mein Vater hat ihn repariert und blau und gelb lackiert. Für mich ist er schöner als ein neuer Mercedes.

**Rebekka G., 38 Jahre:**

Mein schönstes Geschenk war ein Blumenstrauß von meiner Tochter; sie ist 14. Vor ein paar Wochen hatten wir einen schlimmen Streit und plötzlich war sie verschwunden. Ich habe mir große Sorgen gemacht. Aber nach ein paar Stunden kam sie mit 14 roten Rosen: Ein Dankeschön für jedes Lebensjahr.

**Peter W., 32 Jahre:**

Als ich vor zwei Jahren im Urlaub war, haben mir meine Freunde im Garten einen kleinen Teich gebaut. Darin schwammen Goldfische. Ich habe mich wahnsinnig gefreut.

# MEIN PERSÖNLICHES PROBLEM

*Frau Dr. Elisabeth Marzan berät Sie, wenn Sie Probleme haben.*

### Soll ich für meine Freundin lügen?

Meine beste Freundin hat einen Geliebten, der in unserer Nachbarschaft wohnt. Ihr Mann weiß natürlich nichts von dieser Geschichte. Und jetzt erwartet meine Freundin von mir, dass ich ihr Alibi bin, wenn sie sich mit ihrem Liebhaber treffen will. Das macht mir große Probleme, weil ich auch mit dem Mann meiner Freundin befreundet bin. Ich will nicht lügen, aber ich will auch meine Freundin nicht verlieren. Bitte raten Sie mir, was ich machen soll.
Manuela D., 29

**Antwort:** Lügen Sie nicht. Ihre Freundin verlangt zu viel von Ihnen. Natürlich soll man seinen Freunden helfen, aber nicht durch Unehrlichkeit. Irgendwann wird der Ehemann die Affäre sicher entdecken. Dann können Sie im Gespräch den beiden nur helfen, wenn Sie jetzt neutral bleiben.

### Eine Kollegin leiht sich häufig Geld von mir

Ich arbeite mit einer anderen Sekretärin zusammen im Büro. Eigentlich ist sie ganz nett, aber sie leiht sich sehr oft Geld von mir. Es ist immer ein anderer Grund: Entweder hat sie ihren Geldbeutel vergessen und will noch etwas einkaufen oder es fehlen ihr fünf Mark für das Mittagessen in der Kantine. Meistens vergisst sie dann, mir das Geld zurückzugeben. Und mir ist es peinlich, sie daran zu erinnern. Also sage ich nichts. Aber so kann das doch nicht weitergehen! Was soll ich tun?

**Antwort:** Da gibt es nur einen Weg: Sie müssen mit Ihrer Kollegin offen über das Problem sprechen. Machen Sie eine Liste mit den Beträgen, die Ihre Kollegin noch nicht zurückgezahlt hat, und geben Sie sie ihr. Und sagen Sie ihr klar und deutlich: „Ich leihe dir kein Geld mehr, wenn du es nicht am nächsten Tag zurückgibst." Wenn Sie das nicht tun, wird Ihre Kollegin Sie immer mehr ausnutzen.

### Wir unternehmen nichts ohne meine Schwiegermutter

Mein Mann und ich sind seit fünf Jahren verheiratet. Seitdem besucht meine Schwiegermutter uns täglich. Sie wohnt nur zwei Straßen entfernt. Sogar den Urlaub verbringen wir immer zusammen. Mein Mann findet das ganz normal, aber ich bin über die Situation sehr unglücklich. Wenn ich etwas sage, ist mein Mann böse und verteidigt seine Mutter. Können Sie mir einen Rat geben?

**Antwort:** Ihr Mann und seine Mutter haben eine zu enge Bindung. Das ist tatsächlich eine Gefahr für Ihre Ehe. Ihr Mann sollte wissen, dass er mit Ihnen und nicht mit seiner Mutter verheiratet ist. Ich rate Ihnen, dass Sie mit ihm zu einer Eheberatungsstelle gehen.

# Lese-einheit 10

**Inhalt:**
- S. 61    Wir haben uns durch eine Anzeige kennen gelernt
- S. 62    Comic Strip: Zwei heiße Würstchen
- S. 63    Der Lokführer muss weiterleben
- S. 64    „Männer sind Egoisten!" „Frauen sind eitel!"
- S. 65    Hilfe, ich brauche eine gute Ausrede!

## Arbeitshilfe für das Wörterbuch

|  | | |
|---|---|---|
| Seite 61 | begegnet | – begegnen |
| | aufgegeben | – aufgeben |
| | las | – lesen |
| | geantwortet | – antworten |
| | fand | – finden |
| | kam | – kommen |
| | dachte | – denken |
| | gestritten | – streiten |
| | entdeckt | – entdecken |
| Seite 62 | heiße | – heiß |
| | großen | – groß |
| Seite 63 | überrollt | – überrollen |
| | wirft | – werfen |
| | gehofft | – hoffen |
| | geliebt | – lieben |
| | stand | – stehen |
| | gesprungen | – springen |
| | löst ... ab | – ablösen |
| | holt | – holen |
| | dachte | – denken |
| | bleibt | – bleiben |
| | zieht ... aus | – ausziehen |
| | sitzt | – sitzen |
| | verreist | – verreisen |
| Seite 64 | gibt | – geben |
| Seite 65 | brauche | – brauchen |
| | ruiniert | – ruinieren |
| | kam | – kommen |
| | erwischte | – erwischen |
| | weggeflogen | – wegfliegen |
| | gekostet | – kosten |
| | geklingelt | – klingeln |
| | zerrissen | – zerreißen |
| | gestohlen | – stehlen |

# Wir haben uns durch eine Anzeige kennen gelernt

Sie war Stewardess und ständig in der ganzen Welt unterwegs. Er war Lehrer in einem kleinen Dorf. Zwei Menschen in zwei verschiedenen Lebenswelten. Aber jetzt sitzen sie nebeneinander auf dem Sofa, an ihren Händen wunderschöne Eheringe. Sie strahlen vor Glück, und bald haben sie ein Baby.

Wie sind sie sich begegnet, die hübsche, blonde Marica und der große, sympathische Armin? Es war kein Zufall, sondern am Anfang war eine Anzeige:
*Er, 30, 1,86 m, 76 kg, kurze Haare, ist ganz bestimmt nicht langweilig und sucht immer noch seine Traumfrau …*
*Chiffre 17/A 08*

„Ich bin ziemlich schüchtern. Wenn mir eine Frau gefallen hat, konnte ich sie nicht ansprechen. Deshalb habe ich diese Anzeige aufgegeben", erzählt Armin, heute 32. Es war sein erster Versuch. Marica, 31, hat zwar immer viele Menschen getroffen, aber nie den richtigen Mann. Deshalb las sie oft Heiratsanzeigen. „Ich habe geantwortet, weil Alter und Größe stimmten und weil ich die Anzeige nett fand."

Dann kam das erste Treffen, aber Liebe auf den ersten Blick war es nicht. („Was ist denn das für ein komischer Kerl?!" dachte sie. Und er: „Oh Gott, die ist ja so klein.") Trotzdem wollten sie sich eine Chance geben. Also haben sie viel geredet und sich dabei kennen gelernt. Aber einfach war es am Anfang nicht. Marica: „Der erste gemeinsame Urlaub war eine Katastrophe. Ich wollte faul in der Sonne liegen und Armin wollte jeden Tag Kulturprogramm. Wir haben nur gestritten."

Beide lachen, wenn sie an diese Zeit denken. Inzwischen haben sie viele Gemeinsamkeiten entdeckt und sogar ein gemeinsames Hobby: Malen. „Das Glück kommt nicht von selbst", sagt Armin. „Man muss Geduld haben und immer im Gespräch bleiben."

# „Männer sind Egoisten!"
# „Frauen sind eitel!"

**Vorurteile über das andere Geschlecht. Ergebnis einer soziologischen Umfrage der Universität Frankfurt a.M.**

( Frauen können einfach nicht pünktlich sein. Es gibt keine Frau, die rechtzeitig zu einer Verabredung kommt. )

( Heute gibt es keine richtigen Männer mehr – nur noch Softies. )

( Alle Männer sind Egoisten. Sie denken nur an sich. )

( Frauen müssen dauernd reden. Sie telefonieren stundenlang mit einer Freundin oder mit ihrer Mutter. )

( Frauen können nicht sachlich denken. Sie lassen sich immer durch Gefühle beeinflussen. )

( Männer denken immer nur an Geld oder an Sex. )

( Frauen sind eitel. Sie schauen in jeden Spiegel und geben das meiste Geld für Kleidung aus. )

( Die Frauen wollen uns Männer beherrschen. )

( Frauen wollen Geld heiraten. Wenn ein Mann reich ist, finden sie ihn toll. )

( Männer reden am liebsten über Autos oder Fußball. )

( Die meisten Männer haben keine Fantasie; deshalb sind sie auch so schlechte Liebhaber. )

( Männer können keine Gefühle zeigen. )

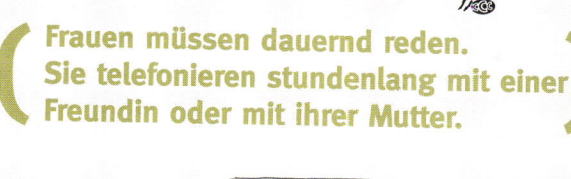

**Hans Möslein fährt nicht mehr. In einem Jahr hat seine Lok drei Menschen überrollt.**

# Der Lokführer muss weiterleben

**Fast jeden Tag wirft sich irgendwo in Deutschland ein Mensch vor den Zug, um zu sterben. Ein Alptraum für alle Lokführer: Wer bis zur Rente im Dienst ist, muss laut Statistik damit rechnen, zwei Selbstmörder zu überfahren.**

Auch der Lokführer Heinz Möslein hat immer gehofft, dass er diese schlimme Erfahrung nicht machen muss. Schon als Kind wollte er zur Eisenbahn; es war sein Traumberuf. Mit 14 wurde er Heizer, seit 34 Jahren ist er Lokführer. Heinz Möslein hat seinen Beruf geliebt – bis zu einem sonnigen Nachmittag im Oktober. Da war die Strecke Aachen–Hamm auf seinem Dienstplan. Kurz hinter Aachen auf einer Brücke ist es passiert. „Es war ein ganz junger Kerl, 25 Jahre, so alt wie mein Sohn. Er stand neben den Schienen; ich konnte ihn deutlich sehen. Es waren nur noch ein paar Meter zwischen uns – und dann ist er gesprungen."

Ein Kollege löst Heinz Möslein ab. Er fährt mit dem Taxi nach Hause. Dort hat er einen Nervenzusammenbruch; seine Frau holt den Arzt. „Trinken Sie einen Kognak, oder besser zwei", sagt der Arzt.

Aber Alkohol hilft ihm nicht. Er geht zu einem Psychologen. Nach drei Monaten Gesprächstherapie kann Heinz Möslein wieder arbeiten. Es ist der 30. Januar, wieder die gleiche Strecke Aachen–Hamm. An der Brücke rast sein Herz, die Hände sind nass von Schweiß. Nichts passiert. Tempo 140: Ist da nicht jemand auf dem Gleis? Ja, das ist das Gesicht einer Frau. Signalpfeife, Vollbremsung, Notruf. Bahnpolizei und Arzt kommen. Sie suchen, aber sie finden niemanden. Heinz Möslein ist verzweifelt: „Ich dachte, ich sei verrückt geworden." Eine Stunde später findet man die Frau doch; neben den Schienen, tot. Heinz Möslein macht eine Kur, noch eine Gesprächstherapie. Nachts kann er nicht schlafen.

Monate später: Erst mal die Lok von außen ansehen, später neben einem Kollegen in der Lok mitfahren, dann alleine. Nur die Angst bleibt immer. Aber viele Wochen passiert nichts.

Dann ist es wieder Oktober. Genau ein Jahr und drei Tage nach dem ersten Unglück mit dem jungen Mann. Heinz Möslein fährt in den Bahnhof Düsseldorf. In der Menge der Reisenden steht eine Frau an der Bahnsteigkante. Sie zieht noch ihre Jacke aus, bevor sie sich vor die Lok wirft. Er bremst sofort, aber es ist zu spät.

Heute sitzt Heinz Möslein an einem Schreibtisch in der Personalverwaltung. „Die Selbstmörder sind tot, aber ich muss weiterleben", sagt er. Er wird keine Lok mehr fahren. Wenn er mit der Bahn verreist, steigt er immer in den letzten Wagen.

# Hilfe, ich brauche eine gute Ausrede!

**Sind Sie mal wieder zu spät zu einem Geschäftstermin gekommen? Haben Sie das Kleid Ihrer besten Freundin ruiniert? Oder haben Sie eine wichtige Einladung vergessen? Alles kein Problem mehr. Es gibt jetzt eine Agentur in Hamburg, die Ausreden für Sie erfindet.**

Es gibt Situationen, da kann man einfach nicht die Wahrheit sagen. Das kennen Sie sicher auch. Was Sie dann dringend brauchen, ist eine gute Ausrede.
Letztes Jahr fuhren meine Mutter und mein Vater in Urlaub und ich hatte ihren blauen Wellensittich in Pflege. Zwei Stunden vor der Rückkehr meiner Eltern passierte ein Drama: Eine Katze aus der Nachbarschaft kam heimlich ins Haus – und erwischte den armen Vogel. Der Wellensittich war tot. Und ich hatte ein großes Problem, denn „Hansi" war die große Liebe meiner Mutter. Was tun? Ein Anruf bei der Agentur „Alibi", und schon nach zehn Minuten hatten die „Experten für schwierige Situationen" eine Lösung für mich: „Sagen Sie Ihrer Mutter, dass der Vogel weggeflogen ist. Das ist auch schlimm, aber nicht so grausam wie die Wahrheit. Morgen haben Sie Zeit, einen neuen Wellensittich zu kaufen. Er muss so aussehen wie Hansi. Dann sagen Sie Ihrer Mutter, dass ein Wunder passiert ist. Der Vogel ist wieder zurückgekommen!" Der Trick hat wunderbar funktioniert. Und teuer war der gute Rat auch nicht; 20 DM hat die kleine Lüge gekostet.

… mein Anzug war in der Reinigung

… mein Wecker hat nicht geklingelt

… jemand hatte mein Auto zugeparkt

… ein Dieb hat meine Handtasche gestohlen

… mein Hund hat alle meine Strümpfe zerrissen

… meine Nachbarin hatte einen Herzanfall

**Quellenverzeichnis**

*Seite 6: Schornsteinfeger, Rente:* Wilfried Poll, München; *Alkohol, Erster Arbeitstag, Weggehen:* Michael Luz, Stuttgart; *Passwort?:* Cartoon-Caricature-Contor, München

*Seite 7: Mannequin:* Wöhrl Markenkleidung, Nürnberg; *Balletttänzerin:* Charles Tandy, München; *Rennfahrer:* Adam Opel AG; *Busfahrer:* Stadtwerke München, Verkehrsbetriebe; *Privatdetektiv:* MHV-Archiv (Werner Bönzli); *Polizist:* Polizeipräsidium München, Pressestelle (P. Reichl); *Flugkapitän:* Deutsche Lufthansa AG, Köln; *Fluglotsin:* Deutsche Flugsicherung, Offenbach

*Seite 8: rechts unten:* Gerd Pfeiffer, München

*Seite 9:* Erich Rauschenbach, Alle Väter nerven. Cartoon-Caricature-Contor, München

*Seite 10:* Nokia, Deutschland (Gramm Werbeagentur, Düsseldorf)

*Seite 13: Fotos:* Dieter Reichler, München

*Seite 14:* Hägar: Alle Mann an Bord. Bulls Pressedienst, Frankfurt

*Seite 15: oben und Mitte:* Hägar: Ein Mann – ein Wort!; *unten:* Hägar: Auf geht's! Bulls Pressedienst, Frankfurt

*Seite 16:* Clusellas: Anerkennung. Cartoon-Caricature-Contor, München

*Seite 17: Zeichnungen:* Löffler-Bechtel's Großes Illustriertes Kochbuch (J. Ebner's Verlag, Ulm); *Grafik:* Tupperware Deutschland GmbH, Frankfurt; *Text nach:* AP-Meldung vom 26.10. 1995

*Seite 19: Papan:* Ätsch! Cartoon-Caricature-Contor, München

*Seite 20: Zeichnung:* Michael Luz, Stuttgart; *Text aus:* Brigitte Dossiers 7/95, Seite 125–129 (Die Anregung für das Fitneß-Punktesystem kommt von Dr. Kenneth Cooper.)

*Seite 21: Foto:* Dieter Reichler, München

*Seite 22: Foto:* Quelle Versandhaus, Fürth; *Text:* Pro Idee Versand, Aachen

*Seite 23: Zeichnung:* Axel Scheffler, London; *Nichttrinkerlied aus:* Robert Gernhardt, Gedichte 1954–1994. Copyright 1996 by Haffmans Verlag AG, Zürich

*Seite 26:* Garfield: PIB Copenhagen

*Seite 27: Fotos:* Gerd Pfeiffer, München; *Text nach:* Menschen und Schicksale, Frau im Spiegel 4, 18.1.1996 (Ehrlich & Sohn, Hamburg)

*Seite 29: Fotos:* Bavaria Bildagentur, Gauting *(links* George French, *Mitte* VCP, *rechts* TCL)

*Seite 31: aus:* Jutta Bauer: Stell dich doch nicht so an. Lappan Verlag, Oldenburg, 1987

*Seite 32: Zeichnung:* Michael Luz, Stuttgart

*Seite 34: Fotos und Text mit freundlicher Genehmigung von* Rüdiger Illguth, Frankfurt

*Seite 39: Erster Zahn:* Michael Luz, Stuttgart; *Begleitung, Hustenanfall:* Breicheis, Cartoon-Caricature-Contor, München; *Kreuzfahrt, Badewasser:* Wilfried Poll, München; *Zahnarzt:* Breuer, Cartoon-Caricature-Contor, München

*Seite 43: Fotos oben links und unten rechts:* MHV-Archiv (Dieter Reichler); *Mitte rechts:* Werner Bönzli, Reichertshausen

*Seite 44: Zeichnung:* Cartoon-Caricature-Contor, München

*Seite 45: aus:* Jutta Bauer: Stell dich doch nicht so an. Lappan Verlag, Oldenburg, 1987

*Seite 47: Foto:* MHV-Archiv (Dieter Reichler)

*Seite 49: Zeichnungen:* Wilfried Poll, München

*Seite 51: Foto:* Gerd Pfeiffer, München

*Seite 52: Foto oben:* Melanie Dreysse, Hamburg; *Foto unten:* Deutsche Luftbild, Hamburg; *Karte:* Werner Bönzli, Reichertshausen; *Text mit freundlicher Genehmigung von* Britta und Honke Johannsen, Hallig Langeneß

*Seite 53: Jumbo-Jet:* Michael Luz, Stuttgart; *Meckern:* Eisent, *Autounfall:* Liebermann (Cartoon-Caricature-Contor, München)

*Seite 55: Fotos oben links und Mitte rechts:* MHV-Archiv (Dieter Reichler)

*Seite 57: oben links:* Werner Bönzli, Reichertshausen; *alle anderen:* MHV-Archiv (Dieter Reichler)

*Seite 58:* Hägar: Bulls Pressedienst, Frankfurt

*Seite 61: Foto:* Gerd Pfeiffer, München

*Seite 62:* Erich Rauschenbach (Cartoon-Caricature-Contor, München)

*Seite 63: Foto:* laif, Köln (Regina Bermes); *Text mit freundlicher Genehmigung von* Hans Möslein

*Seite 64: Cartoons: Herr und Hund, Telefonzelle, Ufo:* Cartoon-Caricature-Contor, München

*Alle übrigen Fotos (auf den Seiten 8, 12, 25, 28, 32, 38, 40, 41, 43, 46 und 55):* Roland Koch, Jührdenerfeld

Wir haben uns bemüht, alle Inhaber von Bild- und Textrechten ausfindig zu machen. Sollten Rechte-Inhaber hier nicht aufgeführt sein, so wäre der Verlag für entsprechende Hinweise dankbar.

# DIE Grammatik für die Grundstufe

- Lehrwerksunabhängig und lehrwerksbegleitend
- Zur Wiederholung – Vertiefung – Prüfungsvorbereitung
- Im Unterricht und als Selbstlernmaterial verwendbar
- Der gesamte Wortschatz entspricht den Anforderungen des Zertifikats Deutsch

*Einsprachige Fassung:*

**Grundstufen-Grammatik für Deutsch als Fremdsprache**
ISBN 3-19-001575-9

*Jetzt auch in zweisprachigen Fassungen:*

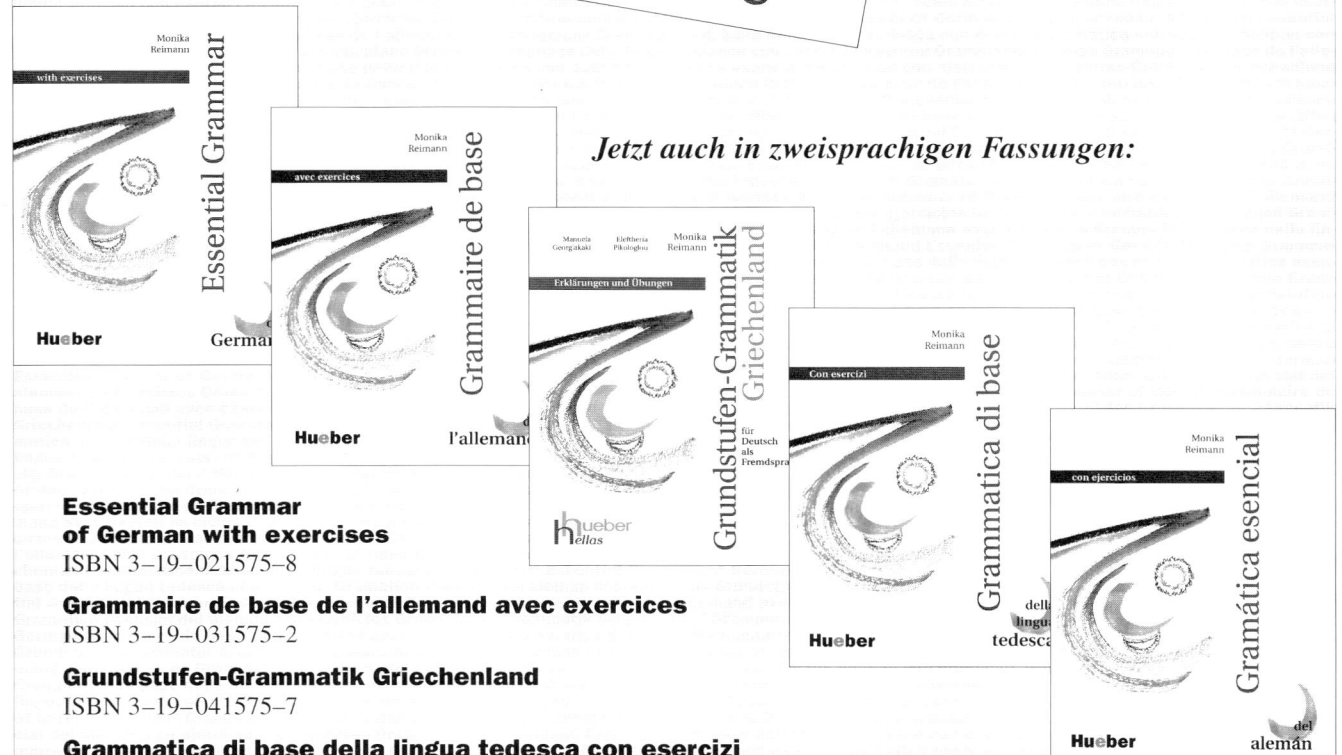

**Essential Grammar of German with exercises**
ISBN 3-19-021575-8

**Grammaire de base de l'allemand avec exercices**
ISBN 3-19-031575-2

**Grundstufen-Grammatik Griechenland**
ISBN 3-19-041575-7

**Grammatica di base della lingua tedesca con esercizi**
ISBN 3-19-051575-1

**Gramática esencial del alemán con ejercicios**
ISBN 3-19-071575-0

**Gramatyka języka niemieckiego dla początkujących Objaśnienia i ćwiczenia**
ISBN 3-19-061575-6

# Hueber – Sprachen der Welt